上：カラヤン指揮のニューイヤー・コンサート（1987年）
右：ムーティ指揮のニューイヤー・コンサート（1993年）
下：ショルティ指揮のリハーサル風景（1994年10月）
上記写真すべて ©Terry ／ Wiener Philharmoniker

Rainer Küchls Musikalisches Notizbuch

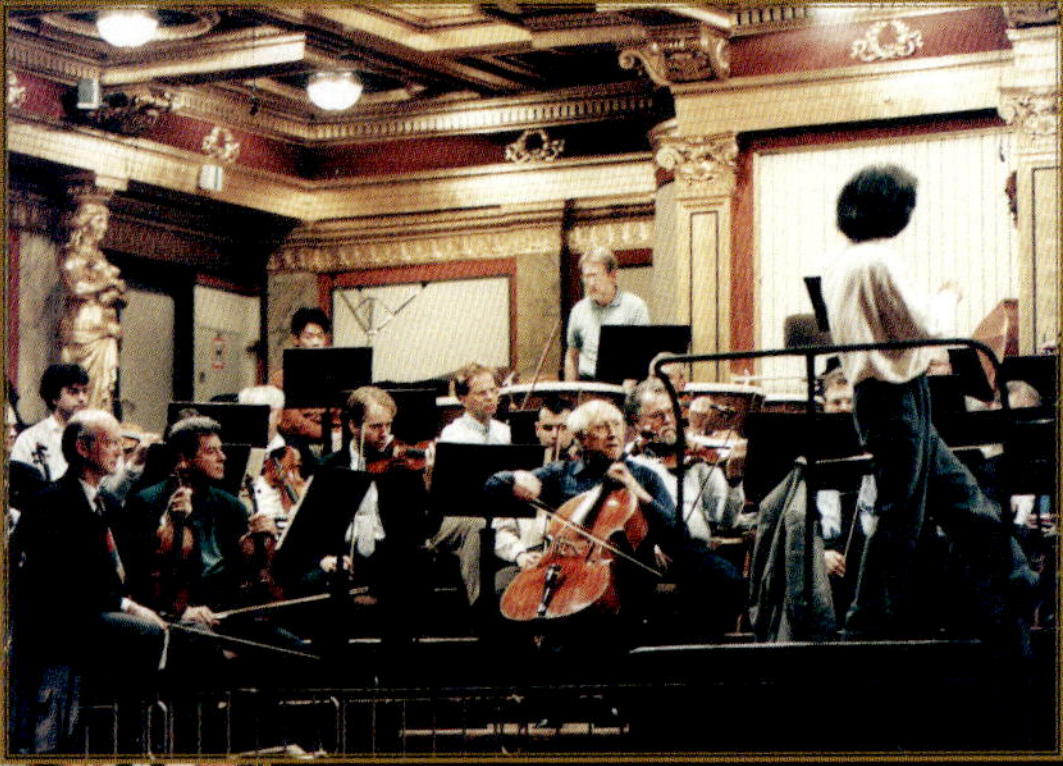

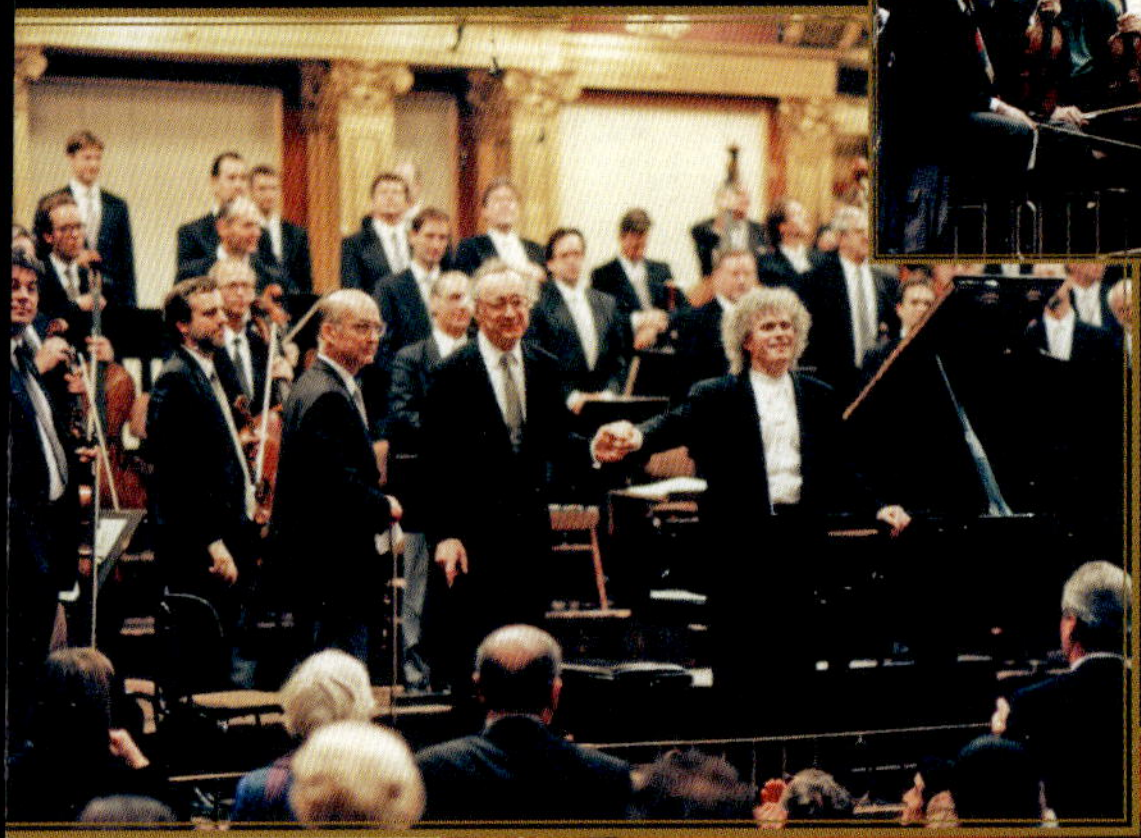

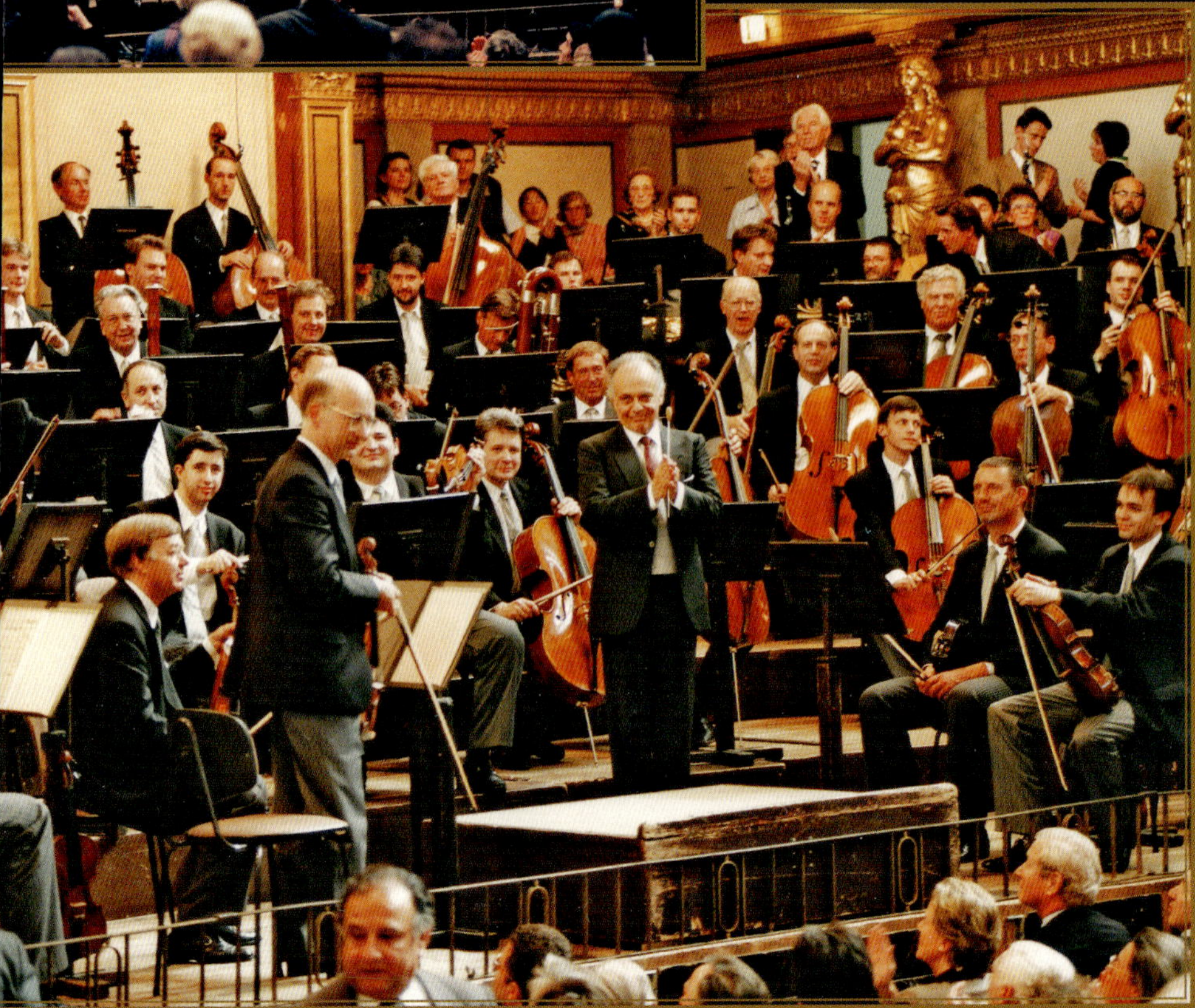

右上：小澤征爾指揮、ロストロポーヴィチ（vc）とのリハーサル風景（1997年11月）
右中：ラトル指揮、ブレンデル（p）とのコンサート風景（1997年）
右下：マゼール指揮のコンサート風景（1995年9月）
左上：ジュリーニ指揮のコンサート風景（1996年5月）
左下：メータ指揮、バレンボイム（p）とのメータ80歳記念コンサート風景（2016年5月）
上記写真すべて ©Terry ／ Wiener Philharmoniker

ヴァイトホーフェンの病院の庭のベッドで。1～2歳頃（1951年頃）

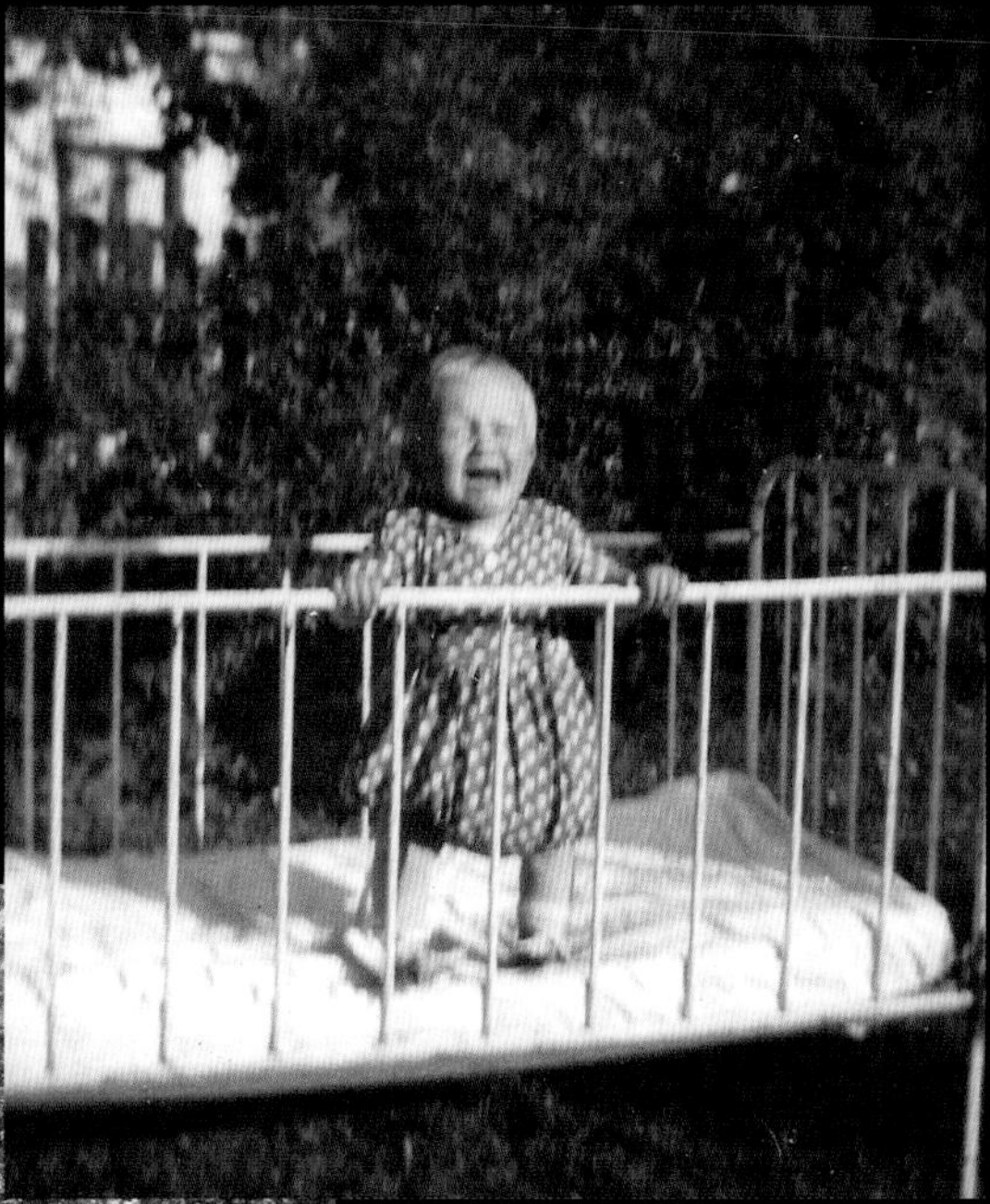

少年時代のキュッヒル（1958年頃）

ヴァイオリンを始めて3年目の写真（1963年）。翌年にはウィーン国立音楽アカデミー（現・国立音楽大学）に入学

珍しいキュッヒルの
ピアノ演奏姿

ückwünsche
n allen Saiten!
mpfängt Rainer Küchl, der mit ganzen zwanzig
onzertmeister der Wiener Philharmoniker wurde

Alle Welt wünscht dem frischgebackenen und gleichzeitig jüngsten Konzertmeister der Wiener Philharmoniker Rainer Küchl

GUT STRICH!

Und das bei den Wiener Philharmonikern:

Mit 20 spielt er schon die Erste Geige

Die erstaunliche Karriere des Rainer Küchl aus Waidhofen an der Ybbs

キュッヒルが、史上最年少の21歳でウィーン・フィルの
コンサートマスターに就任したことを伝える新聞各紙

1967年、ジョン・ネシリングの指揮でシベリウスの
ヴァイオリン協奏曲のソリストを務める

2000年頃、ウィーン・リング・
アンサンブルのメンバーと
©Terry ／ Wiener Philharmoniker

2000年、キュッヒル・クワルテットのメンバーと
©Terry ／ Wiener Philharmoniker

2014年、N響の初代首席指揮者、
パーヴォ・ヤルヴィと

2000年12月17日、50歳の誕生日パーティーでの家族写真（パレ・シュヴァルツェンベルクにて）

2003年、ウィーンの森にて仲良く家族で

No.1 ヴァイオリンに憑かれた男（その1）

もしあなたがウィーン国立歌劇場を訪れたとしよう。本番30分前に開場だ。今日のオペラは間もなく始まる。オーケストラ・ピットで演奏するのはウィーン国立歌劇場管弦楽団、実質ウィーン・フィルだ。オーケストラ・ピットをのぞき込むともう誰か楽譜を前に小さな音で弾いている。あるいは、一生懸命ヴァイオリンを拭いて磨いている。それがこの楽団を率いるコンサートマスターのキュッヒルだ。誰よりも早く席に着いて今晩のオペラのスコアを懸命にさらっているのだ。何回も弾き、ほとんど暗譜しているかもしれない《ラ・ボエーム》であろうと《魔笛》であろうと、彼は誰よりも早くボックス席にやって来てさらい始める。

もし機会があって彼に「一番気分のいい時はいつですか？」と質問したとする。「のんびり家でくつろいでいる時？　好きなテレビの番組を見ている時？　ワインを飲んでいる時？」。

全部「とんでもない!」と言うだろう。「ではいつですか?」とさらに聞くと、「一番はヴァイオリンと音楽に接しているとき」という返事が返ってくるであろう。

　彼から家族で休暇にでも行った時らしい写真のクリスマス・カードをもらった人物がいたとする。ニコニコ顔の家族の中で一人むっつりしているのはキュッヒルだ。休暇中どこかに行ったらヴァイオリンを思いっきり弾けないし、ご機嫌斜めのご主人様キュッヒル。彼はヴァイオリンを弾いているときが最も幸せなのだから。

　結婚式の日、式が終わって部屋に戻ったらすぐヴァイオリンを弾き始め、新妻はその姿に感動したそうだ。さすがに父親が「今日だけは止めておけ」と諭したので止めたそうだが……。

　とキュッヒルのエピソードを並べたら、〝ヴァイオリンに憑かれた男〟というに相応しい人間像が浮かび上がってくるであろう。一体この人は、どういう生まれで、どういう育ち方をしたらそうなってしまったのだろう。「何なんだ、彼は!」「舞台の上のあの難しい表情の人物は笑うことがあるのだろうか?」「何の面白みもない人間ではなかろうか?」「怖いヴァイオリニスト?」……いやいや、そうではないのだ。

　彼が1971年21歳でウィーン・フィルハーモニーのコンサートマスターに抜擢された時、ウィーン中が驚いた。ウィーン国立音楽大学の仲間たちは少しは驚き、でもすぐ納得しただろうが、そういうことを知らず、ひたすらウィーン・フィルハーモニーを誇りにしているウィーン子はびっくりした。このニュースをどの新聞も第1面に写真入りで報じたものだ。中には1面全部を割いて彼について報じた新聞もあったくらいだ。私はその日の新聞を持っている。写真のキュッヒルは若く溌剌としたハンサムな青年だ。髪の毛はふさふさしている。

キュッヒル青年時代

ヴァイオリンを習い始めた頃のキュッヒル

少年時代のキュッヒルと家族

私は「あの頃は髪の毛はふさふさしていたね」とからかったことがある。すると「若くしてコンサートマスターになったものだから、ストレスではげちゃったよ」と答えたものだ。「えっ、キュッヒルさんは冗談も言うの？」――当たり前でしょう！　彼が演奏に集中している厳しい表情の下には豊かな感情が隠されているのだ。厳しい表現、叙情的なフレーズ、悲劇的な音楽、明るく楽しいオペラ……。すべての人間的感情、表情、人間性、思考がなくてどうしてすばらしい音楽を生み出せるだろうか。

＊

ではぼつぼつ本題に入って身元調べから始めるとしようか。ライナー・キュッヒルは1950年、ウィーンから150キロほどの低地オーストリア州のヴァイトホーフェンに生まれた。

正確にはヴァイトホーフェン・アン・デア・イプス市という。小高い丘に囲まれた美しい田舎町だ。

――クラシックに親しみ始めたのはいつからですか？

キュッヒル（以T、K）　学校にトーンキュンストラー・オーケストラがやってきた時が初めてでした。その時初めて聴いた《モルダウ》にすっかり興奮して、父にヴァイオリンをねだったのです。すると父はすぐヴァイオリンを買ってきてくれました。11歳の時でしたね。

――そんなに遅く始めたのですか。

K　それまでは流行歌しか知らなかったのです。その日、《モルダウ》のほかに何を演奏したか全然覚えていませんけれどね。ともかくそれを弾いているヴァイオリンがすっかり気に入って、弾きたくなったのです。

そうしたら、昔ヴァイオリンを趣味にしていた父が再び自分もヴァイオリンを弾き始めて、ぼくに手ほどきをしてくれたのです。しかし父は間もなくこの町のアマチュアオーケストラの

キュッヒルの両親

キュッヒル幼年時代

指導者の先生のところにぼくの指導をお願いに行ったのです。何しろぼくはこの楽器に夢中になったので、父は昔の自分の夢をぼくに託したかったのかもしれませんね。

この父なくして今日のキュッヒルはありえなかったであろう。父親のことを付け加えておこう。彼の父ヨーゼフはドイツ人を両親にルーマニアに生まれた。1939年戦争が始まると、志願して彼は東プロイセンに行った。戦後ロシアの捕虜となった彼は1945年、ようやくの思いでヴァイトホーフェンにいるはずの両親の元を目指して帰ってくる。しかし、両親はすでにルーマニアに帰ってしまい、36キロに痩せた彼はこの町で暮らすことになる。彼は幼いキュッヒル兄弟を連れて両親に会いに1回だけルーマニアに行ったときを除いて、生涯再び両親と会うことはなかった。冷戦が共産圏とオーストリアを隔ててしまったからである。こうした悲劇は当時のヨーロッパでは随所に見られたのだが、キュッヒル家もその1つだったのだ。

（「音楽の友」2008年4月号より転載）

No.2 ヴァイオリンに憑かれた男（その2）

話を少し戻そう。キュッヒルの父ヨーゼフが戦線へと駆けつけた東プロイセンは元々プロイセン領で、例えば哲学者のカントや音楽家・文学者のホフマンが生まれたのはこの東プロイセンのケーニヒスベルクであった。第二次世界大戦後、一部はポーランド領となり、一部はソヴィエト領になった。ケーニヒスベルクは現在カリーニングラードと呼ばれ、ロシア領となっている。そういうわけで、第二次世界大戦中から戦後にかけここのドイツ人たちは追い立てられ、現在のドイツへと逃れざるを得なかったという悲劇があったのである。キュッヒルの両親は父親が兵士として捕虜になったわけだが、母親はこうしてドイツへ逃れた1人だったのだ。彼女がヴァイトホーフェンにたどり着いたのは1949年だった。

さて、キュッヒルは病院に勤め始めたこの両親のもとで育った。キュッヒル家の家族構成は

7つ上の異父兄、同じ年の異母姉と両親だったが、この姉と暮らしたことはなかったという。父はこのヴァイトホーフェンで病院の看護人として、母は同じ病院の事務員として働いていた。母は幼いキュッヒルをベビーベッドに入れ、病院の庭で育てたという。キュッヒルは幼稚園に行くまでここで過ごすことになる。

前回「キュッヒルの父なしには今日の彼はなかった」と書いたが、父親はとても勤勉で努力を重ね、看護士のディプローム（正式の資格）を取り、しまいには麻酔などは医者から任せられるまでになったという。キュッヒルのあの真面目さと勤勉さはこの父譲りのものであろう。

キュッヒルのヴァイオリンの上達ぶりだが、父親はすぐに自分の手に負えなくなり地元の先生にお願いしたのだが、それもたちまち先生の手にあまるようになった。そこでこの先生（実はドイツ語と歴史が専門だった）はウィーン・フィルハーモニーのコンマスで、ウィーン国立音楽アカデミー（現ウィーン国立音楽大学）のサモヒル教授のところへキュッヒルを送るよう手配したのだった。その時キュッヒル13歳。両親に連れられ、彼はサモヒル教授のもとへ毎週末通うことになる。サモヒルといえば、かのウィーン・フィル史上不滅の名を残すロゼー門下で、サモヒル自身も多くのヴァイオリニスト（その中にはシボーのようなコンマスもいる）を育てたことで有名である。

——初めてサモヒル先生の所でヴァイオリンを弾いた時はどうでした。

K　それがですね。一生懸命弾いたのはいいのですけど、弾き終わったら意識を失って倒れてしまいました。

――それはまあ、すごい緊張だったのですね。それからどうなったのですか。

K　サモヒル先生は即座に教えてくれることになって、ウィーン通いを始めました。あんまり長距離電車に乗るものだから、電車嫌いになってしまったほどです。

こうして１９６３年13歳でサモヒルの門下生となったキュッヒルは、翌年14歳でウィーン国立音楽アカデミーに入学する。

――サモヒル先生はその間レッスン代を取られましたか。

K　いいえ、彼は入学するまでまったく取りませんでした。

――あなたも同じような学生が自分の元に来るとレッスン代を取らないと聞いています。昔気質の先生はそういうものでしたよね。それはそうと、13歳だとギムナジウム（日本でいう中学高校）の生徒のはずだけど、どうしました。

K　14歳からウィーンに住み、そのまま音楽アカデミーに入りましたからギムナジウムにはもう行きませんでした。

――ええっ!?　ギムナジウムは終えていないの？

K　ええ、そういうことになります。

――それでアカデミーの在学中にウィーン・フィルハーモニーのコンマスになったでしょう。アカデミーは卒業したんですよね。

キュッヒル青年時代

K　いいや。だってウィーン国立歌劇場管弦楽団とウィーン・フィルハーモニーの仕事が忙しくて学校に行っている時間がありませんでしたから。

――じゃ、大卒どころか、キュッヒルさんは中卒でもないんだ。

K　そういうことになります……（爆笑）。家内や娘たちも笑います。

　実は彼のヴァイオリンの才能があまりに秀でていたので、それを良しとしてギムナジウムは彼を卒業させたらしい。音楽アカデミーでも彼のヴァイオリンの才能と熱心な練習ぶりは評判だったのだ。

――在学中にウィーン・フィルハーモニーのコンマスになったでしょう。ということはオペラが好きで、よく観に行っていた……？

K　それがまったくオペラには関心がなくて、全然観たことがありませんでした。室内楽が面白くて、チェロのハインリッヒ・シフらとクヮルテットなどばかりやっていました。他には、アカデミーのオーケストラや地方のオーケストラでソロを弾いたりしていました。

――どのような経緯で、ウィーン・フィルのコンマスになったのですか。

K　サモヒル先生が「ウィーン・フィルハーモニーの試験があるから行ってこい」と言うのです。それが1970年の12月22日。そうしたら受かって、1月2日からオーケストラ・ピット

サモヒル教授（右）と

で、弾き始めました。

――何たること！　何のオペラでしたか。

K　《リゴレット》。全然楽譜も見たことがないし、初見でした。

オペラを観たことも聴いたこともない21歳がコンマスに登場したのだ。私は絶句した……。

（「音楽の友」２００８年5月号より転載）

青年時代、ソリストを務めるキュッヒル

No.3 ヴァイオリンに憑かれた男（その3）

「オペラをほとんど知らない学生がウィーン・フィルハーモニーのコンサートマスターになる！」。これは一大事件である。実際はよく聞くと、2回ほど立ち見でオペラを観たことがあったそうである。それにしても大事件だ。「両親の喜びと驚きは大きかったが、物もそうなかったし、時間もなかったのでお祝いもなく次の日も仕事だった」とキュッヒルは当時を振り返る。

——あなたは一学生だったわけですよね。

K　今もそうです。

と彼は言う。どういう場面でも自分を特別な存在として扱ってもらいたくないのが、彼の流儀だ。ウィーン・フィルハーモニーでさえも他のオーケストラと変わらないのだと彼は断言する。何度交わしたか分からない彼との会話の中で、この謙虚さは極端と思えるほど徹底している。だから彼はどこどこのオーケストラが世界で一番だ、などというのを嫌う。「我々はコンクールをしているわけでもないし、競争をしているわけでもないのだ」。これが彼の信条である。

バーンスタインはキュッヒルのことを「世界で最も初見の出来る音楽家だ」と評したそうだが、そうでなければ、聴いたこともないオペラやシンフォニーを次から次へとこなすことはできなかったであろう。「今日はこのオペラ、次はこのシンフォニーと考える余裕はまったくなかった」と彼は言うのだが、一体どのくらい経ったらウィーン国立歌劇場のレペルトワールを自分のものにしていったのだろうか。

K　本当のことを言うと、コンサートマスターとして自信を持てるということは一生ないでしょうね。《神々の黄昏》とか《マイスタージンガー》とかは、30歳になるぐらいまでは大変だったですね。今なら1日で《ニーベルングの指環》をやろうといっても出来ると思いますけど、何年と言うことはできないけど経験を積むことですね。当時は道に障害物があっても、それを上手く避けられずぶっつかっていたといった感じでしょうか。

——それをどうやって乗り越えて行ったのですか。

K　指揮者のところには事前に会いに行きました。初めての曲だと言うと「ここここを気をつけなさい」と言ってくれましたし、同僚からも「この曲を弾いたことはあるの？」と聞かれて「いいえ」と言えば、「それじゃ、気をつけ

ウィーン国立音大オーケストラとのコンサートで

ておくよ」という具合でしたね。「弾いたことがある」と言うと、「じゃ、後ろで寝ていられるね」とも言っていましたね。歌手についても知らないでしょう。分からないものだから先に出てしまったりね。いろいろありましたよ。そうすると後ろの同僚たちは笑っているわけですよ。

かくして、現在初見でないものは70曲ほどになるというが、それでも指揮者によってまるで違う曲のように演奏することもあるし、あまり頻繁に上演されない曲は臨機応変に対応する必要があると言う。

——弱冠21歳でコンサートマスターになったわけですが、大きな課題だったでしょうね。

K　今だってそうですよ。

とあくまでも謙虚な答えが返ってくる。当時、キュッヒルと共にいたコンサートマスターはシボー、ヘッツェルなどで、彼はボスコフスキーの後任だった。

＊

両親の話をしよう。キュッヒルは、１９７３の日本演奏旅行に母親を連れて行ったことが一番印象に残っているそうだ。その母親も昨年（＊注：２００７年）暮れに亡くなられた。「父親なしには現在のキュッヒルはなかった」と最初に書いたが、その父親は、仕事が終わると遠いヴァイトホーフェンの町から汽車に乗って彼の

キュッヒル青年時代。家族と

演奏を聴きにウィーンに来た。これは親子共々の楽しみであったろう。それは彼が学生時代、ウィーン・フィルハーモニーに入る前から彼の父親が心がけたことであった。キュッヒルはウィーン・フィルの定期演奏会の席を準備し、父親を迎えた。

　1979年3月、キュッヒルがムジークフェラインでブラームスのコンチェルトの演奏をし、

Glückwünsche von allen Saiten!

... empfängt Rainer Küchl, der mit ganzen zwanzig Jahren Konzertmeister der Wiener Philharmoniker wurde

»Bei aller Anerkennung Ihres geigerischen Könnens, mein Nachfolger« als Konzertmeister ind Sie natürlich noch nicht. prechen wir uns wieder nach ehn Jahren«, sagt Willi Boskovky.

Der pensionierte Konzertmeiter der Philharmoniker spielt abei auf Pressemeldungen an, die ainer Küchl als seinen ›Nachfoler‹ bezeichnet hatten.

Der 20jährige, an den diese Vorte gerichtet sind, ist über eine Reaktion sichtlich beoffen.

Er hat sich vor einer strengen ry – dem Staatsoperndirektor, en Dirigenten, den Konzertmeiern, den Führern jeder Instruentengruppe und den Stimmhrern – zwei Tage lang durch in brillantes Spiel bestens emphlen. Fast einstimmig hat man n gewählt.

Aber ›Nachfolger‹ des renomierten Geigers Boskovsky zu sein, s hat Küchl von sich nie beuptet. Ganz zu schweigen dan, daß er das Neujahrskonzert r Philharmoniker im ›Johannauß-Stil‹ niemals dirigieren ichte.

Rainer Küchl genügt, daß sich n eisernes Training auf der ige gelohnt hat. Daß er, der n Examen an der Musikakade e noch nicht ablegte, nun die te Geige im ersten Orchester terreichs spielt.

Welch ein Sprung über Nacht, nn man die Vorgeschichte nt!

Bis zu seinem 11. Lebensjahr ist ner alles andere als eine Leuchder Mittelschule in der niederterreichischen Kleinstadt Waiden an der Ybbs gewesen.

Dann führt sein Vater, ohne es ahnen, die Wende herbei. Er, selbst ein Geiger werden wolldurch dessen Träume aber der g einen Strich machte, greift der einmal zum Instrument.

Der Bub war fasziniert. Er ruhte t, bis ich ihm in einem vierhigen Schnellsiederkurs alles rachte, was ich noch konnte. n habe ich Rainer zu Lehrern in unserer Stadt gegeben. Die rieten mir, ihn in Wien bei dem Philharmoniker Professor Samohyl testen zu lassen. Und der hat Rainer gleich als Schüler angenommen.«

Das war vor acht Jahren.

»Seitdem haben meine Frau und ich bei unserem Buben ›angeschoben‹«, erzählt der stolze Vater.

Und das ging so vor sich:

Jeden Samstag fuhr Josef Küchl mit seinem Sohn zur Geigenstunde nach Wien. »Das Essen brachte ihm meine Frau im Reindl in die Schule. Im Zug hat er dann gegessen.«

Zu den Verpflichtungen des jungen Konzertmeisters gehört es nun, daß er zehnmal im Monat im Opernorchester spielt, das ja die Philharmoniker stellen. Ins Haus am Ring muß er sich erst ›einleben‹.

»Als Besucher bin ich bisher erst zweimal in der Staatsoper gewesen. Bei ›Ariadne‹, mit der ich jetzt als Konzertmeister debütiert habe, und beim ›Barbier von Sevilla‹«, sagt Küchl und ist dabei gar nicht verlegen. »Ich kann das ja nun alles nachholen.«

Am Schluß unseres Reportagenrundgangs besuchen wir noch Professor Wolfgang Schneiderhan, der auch sehr jung, mit 21, Konzertmeister der Wiener Philharmoniker geworden ist.

»Ich hatte schon als Dreijähriger die Geige in der Hand und gab mit elf Jahren mein erstes Konzert«, erzählt der Künstler, der sich über den Erfolg des jungen ›Kollegen‹ neidlos freut.

Nachdenklich schaut Schneiderhan in das noch unbeschriebene Gesicht des frisch gebackenen Konzertmeisters. Er möchte den Talentierten davor bewahren, sich nun, da die Schülerjahre vorbei sind, beirren zu lassen.

»Werden Sie unabhängig, setzen Sie sich auch mit geistigen Dingen auseinander. Die Geige allein kann ein Leben nicht ausfüllen. Wenn Sie das nicht begreifen, dann bleiben Sie ein vordergründiger Mensch.« Walther Staudacher

Umhegt. Vor der Fahrt nach Wien, wo Rainer Küchl ein Untermietzimmer hat (auch dort ganz in der Familie), helfen ihm seine Eltern in den Mantel

Fotos: J. Klinger

Rainer Küchl mit Professor Franz Samohyl, der ihn seit acht Jahren ausgebildet hat. Auch in Zukunft, so hat es sich der junge Konzertmeister vorgenommen, wird er alles Neue seinem Lehrer vorspielen

1971年、各メディアはキュッヒルのウィーン・フィルのコンサートマスター就任を大きく取り上げた

ハインツ・ワルベルクと

その後皆で食事に行くことになった。キュッヒル自身は先にレストランに行っており、両親は車でそこへ向かおうとしていた。キュッヒル夫人の真知子さんがそれを見送った。父親がバックで車を動かした途端、車はまた前進した。父親はハンドルにうつ伏せになり、そのまま意識を失った。その頃すでに胸が痛かったそうで、もう手の施しようのないところまで病状は進んでいたという。57歳を迎えようという時だったそうだから、まだ若かったのだ。おそらく戦後の苦労や仕事が終わってヴァイトホーフェンからウィーンに来るのも大変なことだったであろう。しかし、息子がウィーン・フィルハーモニーのコンサートマスターとして大成し、自分の果たせなかった夢を実現したのを見たのだから、満足だったのではという気がする。

＊

K　父は良いことは何も言わなかったですね。誉めるというのは、自分のことを判断できない人にとっては必要なことです。父の死の翌日はベームの指揮で《パルジファル》の録音だったのだけど、彼が座っていた4、5列目はすぐ傍でしょう。いい気分じゃなかったですね。でも、どうしようもなかったものね。

――お父さんは貴重なアドヴァイザー、あるいは良き批評家だったと……。

K　アドヴァイザーというか……専門家として腹を割って話せましたね。結局は自分で考えてやらなければならないことですけどね。

と彼は父親の思い出を語った。

（「音楽の友」２００８年６月号より転載）

No.4 ヴァイオリンに憑かれた男（その4）

一体、学生キュッヒルはどういう生活を送っていたのだろうか。彼は1日中ヴァイオリンを弾いていたわけではない。それには彼流の考えがあって「C・P・Eバッハが書いているように練習は4～5時間で充分、1日中練習しても無意味ではないか、楽器の奴隷になってはならない」という。

＊

——じゃ、1日5時間くらい弾いていたと……。

K　弾いていたのはもっと長かったと思うけど、練習するということと、ヴァイオリンを弾くということとは違うんですよ。ただむやみに練習しているのは能がないという意味です。

——他には何をやっていたのですか。

K　友人たちとクヮルテットをやったり、寮にあったビリヤードに夢中になった時期もありましたね。本を読むのは当時好きでなく、あまり読みませんでしたね。

——内田光子さんと同級だったでしょう?

K　彼女がいたのは知っていましたが、お互いに自分の楽器に夢中でしたから、交流はありませんでした。

——どんな曲を弾いていましたか。

K　古典派が中心だったですね。近現代曲といっても当時は例えばショスタコーヴィチあたりまでで、シェーンベルクなどは全然入っていませんでした。

このことには注釈が必要だろうか。作曲家たちが第二次世界大戦後、1970~80年頃まで前衛的な作品を書くのに夢中であった頃、ウ

サモヒル（右端）のクラス。左端は伴奏の先生。
中央後方はルネ・シュタール（現ウィーン・フィル第1ヴァイオリン）。1968年撮影

ィーンの教育界、あるいはウィーン・フィルハーモニーではそれらは見向きもされなかったに等しい。そういう現象は何もウィーンだけに限られたものでもなかったはずだ。かつてバリリと話したとき彼は「シェーンベルクなどの作品は頭で考えたもので、我々はまったく関心がなかった」とまで言ったことがある。マーラーですら1960年の生誕100周年になってようやく取り上げられる回数が増えたのだった。「ブルックナーにはフォルムがあるけど、マーラーにはありません」とバリリは私に言ったものだ。キュッヒルが学生だった時期はバリリが腕の故障で現役を離れざるを得なくなった時期だったが、それでも彼はウィーン・フィルハーモニー楽団長（楽団長1967〜69、定年1972）を務めていたのだ。

当時、まだ新しかった「新ウィーン楽派」の存在意義は音楽史的に大きな意味を持っているものの、21世紀の現在その流れは主流などではまったくありえないし、むしろその陰に隠れていたコルンゴルドなどの作曲家たちの作品掘り起こしが大きな意味を持っていることすらあるのだ。それは作曲界のはやり、すたりという面もあるが、1つは新ウィーン楽派の陰に隠れていたことと、ナチズムが「新ウィーン楽派」を含めてそれらの作曲家の作品を消し去ったのだった。そういう音楽家たちの現在の見直しはこうした複雑な面もある。今述べた事情が60年代の音楽教育や演奏曲目にも反映していたのだ。

——サモヒル先生はどういう教育をなさったのですか。

K　それは表現するのが難しいですね。なぜかというと音楽と自分を心身共に同化させるとでもいった風な教え方で、ぼくだけ指使いは自分

最初の先生（シュテパネック先生）と

父親の伴奏をするキュッヒル

流でやっていたのです。それを先生は認めてくださる、そういう方でしたね。ぼくらはサモヒル先生を信頼していれば良いという安心感があったのです。例えば、副科のピアノを落として退学させられそうになった時でも、先生は学長に掛け合ってぼくらを守ってくださったことがありました。

――大きな存在だったのですね。ところで今のウィーン国立音大の先生たちはどうなのでしょう。

K　私たちの時代からは変わって、最近のウィーン国立音楽大学の先生はさまざまな流派の方が増え、必ずしもウィーン風の弾き方でなくても腕が立てば良いという方向に変わって行きつつあります。

――ということはウィーン・フィルハーモニーはそういうところから徐々に変化しつつあるということでしょうか。

K　ええ。ウィーン・フィルも昔からすると変化したと思います。

私が「ベルリン・フィルハーモニーはフルトヴェングラーの時代からカラヤンの時代にかけて大きく変わったけれども、ウィーン・フィルハーモニーはそんなに変わっていない」と言ったところ、キュッヒルから「ウィーン・フィルハーモニーの変化もベルリンと同じだ」と強く反対されたことを思い出した。このことについては、また後で触れることになろう。

＊

級友とクヮルテットをするキュッヒル（手前後ろ向き）。
チェロはハインリッヒ・シフ、奥で聴いている左側男性が父親

――ソリストになろうと思ったことはないのですか？

K　いや、ないですね。サモヒル先生に勧められて試演に行ったことはあるけど、本心ではなかったですね。あるいは、そう誤解される発言をしたかもしれませんけど……。僕はオーケストラ向きだと自分のことは思っていたし、大勢の中でソロを弾くのは好きですが、マネジャーに振り回されて、あそこの音楽祭に行けとか、こんな曲を弾いてくれとか、それを何十回も繰り返すのは嫌なのです。そういう生活はただの競争になるでしょう。それより皆と一緒に室内楽やオーケストラで演奏するのが好きなのです。それはサモヒル先生も察しておられたと思います。

こうした背景をもってコンサートマスター、キュッヒルは誕生したのだ。彼がウィーン・フィルハーモニーのコンサートマスターになったのは必然だったと言えるかもしれない。

（「音楽の友」2008年7月号より転載）

No.5 コンサートマスターのプライドと自負心

かつてキュッヒルは「指揮者はオーケストラの邪魔さえしてくれなければいい」と発言し、それがあちこちで引用された。「さすがウィーン・フィルですね」と言ったら彼は「別にウィーン・フィルに限らず、一般的なオーケストラ側の気持ちを言っただけですよ」と言った。そうだろうか？　私はキュッヒルのウィーン・フィルハーモニーについての強い自負心をまざまざと感じている。

＊

――影響を受けた指揮者、何か学んだ指揮者がありますか。

K　別に指揮者でなくてもオーボエでも、他の団員からでも学ぶことはできますよ。それも上手く弾いたときだけでなく、失敗からも学びま

1978年12月、キュッヒル家を訪問したクライバー。
抱っこしているのはキュッヒル家の長女、マリーナ俊子

すね。ところで、なぜいつも指揮者なのですか。確かに指揮者は団員を曲に近づけ、オーケストラをまとめる役目はあります。しかし、この民主主義の世の中でどうして指揮者だけが独裁者のように振る舞っていいのでしょうか。指揮者はオーケストラなしでは演奏できません。しかし、オーケストラは指揮者なしでも演奏できます。

そう言って彼はこういうエピソードを話した。ある時、中国人のハーピストがカルロス・クライバーに「あなたのペダルの指示は楽譜と違います」と譜面を見せたら、クライバーが小さくなってしまったという。また、ある時クライバーが3回《ラ・ボエーム》を振ることがあった。3回目、キュッヒルはクワルテットの演奏会で参加できなかった。そうしたら彼はプレゼントを持ってきた。それはヴァイオリン形の容器に入ったワインであった。それに「3回ともあなたがコンマスで弾いてくれたらよかったのに」という手紙が入っていたという。

——とても良い話ですね。クライバーはそういう繊細な気遣いをする人だったそうですね。その反対は、ベームを無視した話ですよね。

K あの人は若い団員をいじめる癖がありました。それで若僧のぼくにモーツァルトの《セレナータ・ノットゥルノ》のテンポが違うと文句を言いました。だけどぼくはそれを無視して自分が正しいと思ったテンポで弾き通したのです。そうしたら、それからぼくには当たらなくなりましたね。

いかにもキュッヒルらしい話である。

ウィーン・フィルの団員に「あなたが学んだり、尊敬する指揮者がいますか?」と聞くと、

1989年、クライバー指揮のニューイヤー・コンサート ⒸTerry ／ Wiener Philharmoniker

世代によって違うがフルトヴェングラー、カラヤン、ムーティやティーレマンがでてくる。だが、特定の指揮者に対する敬意や影響力を認めないのはキュッヒルが初めてだ。彼らも同じ音楽家ではないかというのだ。こうした指揮者に対する姿勢を裏返すとコンサートマスターも他の団員とまったく同じだという結論になる。そこで次のようなやり取りになってしまった。

——では、どこがコンサートマスターと他のトゥッティの団員と違うのですか。

K　いや、どこも違わない。

——では、シュティム・フューラー（セクションのトップ）はどうですか？　それともただ貰う報酬が多いだけですか？

などとあまり実りのないやり取りを1時間以上して、彼が到達したのは「英語で言えば〝リーダー〟かな」という結論だった。それなら内容的に同じではないかと思う。だが彼が言いたかったのは、誰が偉い、偉くないではなくて、「音楽演奏上での重要性は皆等しい」ということではなかったか。それを強調するあまり、コンサートマスターを他の団員と同じだと言い張ったように思える。

＊

かつてこういうことがあった。あるとき何気なく「ウィーン・フィルはシャーデのヴァイオリンを買ったそうですね」と私が言ったら、「トゥッティはソリストではないから、コンサートマスターのように皆がストラディヴァリウスを持つ必要はない」とやや気色ばんで言うの

ヴィルヘルム・ヒューブナー（元ウィーン・フィル楽団長）とキュッヒル

だ。何気ない話題のつもりで現代の名匠シャーデのヴァイオリンに触れただけだったのに……とその時思ったものだ。こういうやり取りから、彼が「コンサートマスターも皆と同じだ」と主張しても、コンサートマスターのプライドや自負心を感ずるのだ。実際オペラで指揮者がもたついた時、オーケストラは何事もなかったかのように演奏を進める。その中心はコンサートマスターであり、その時彼はまさに彼の言う「リーダーシップ」を握っているのだ。

彼は「この民主主義の時代に、誰かだけが偉いというのはおかしいではないか」と言う。民主的運営はウィーン・フィルの根本理念である。その点、彼の信念は見事にそれに添っている。オーケストラがステージに登場する際、一般団員が出てきた後、コンサートマスターが登場しお礼をする楽団がある。キュッヒルはこういうやり方に嫌悪感を示す。ウィーン・フィルは団員全員が一緒に登場する。確かに指揮者を「帝王」などと呼ぶ商業主義は鼻持ちならない。しかし音楽演奏上での民主主義は可能だろうか。

キュッヒルはこういう話をした。「昔、ある楽団の練習中にフルトヴェングラーが現れたら、その楽団の演奏が急に変わったという話がある。この前《ジークフリート》の公演にラトルが客席にいた。だけどウィーン・フィルは何も変わらなかったですよ」。それはそうでしょう。ウィーン・フィルはウィーン・フィル以外の何者でもないのだから。

（「音楽の友」2008年8月号より転載）

No.6 ザルツブルク音楽祭に思う

１９７１年夏。新人コンサートマスター、キュッヒルはザルツブルク音楽祭に参加した。この夏ウィーン・フィルハーモニーはオペラ《ヴォツェック》（ベルク）、《後宮からの逃走》（モーツァルト）、《オテロ》（ヴェルディ）、《フィガロの結婚》（モーツァルト）、《ドン・パスクワーレ》（ドニゼッティ）を演奏した。コンサートではラファエル・クーベリック、ユーリ・テミルカーノフ、カルロ・マリア・ジュリーニ、カール・ベーム、ヘルベルト・フォン・カラヤンが登場した。キュッヒルはテミルカーノフ指揮《オベロン》序曲（ウェーバー）、「ヴァイオリン協奏曲」（シベリウス）、「交響曲第3番」（プロコフィエフ）、ベーム指揮「交響曲第2番」と「同第7番」（シューベルト）、ジュリーニ指揮「交響曲第94番」（ハイドン）、「イントロダクション、パッサカリアとフィナーレ」（サルヴィッチーニ）、「交響曲第4番」（ブラームス）を演奏した。キュッヒルは「オペラは《オテロ》はやらなかった。《フィガロの結婚》はやったっけ？　他は全部弾いた」と首をひねりながら古い記憶を辿っていた。

＊

——初めてのザルツブルク音楽祭参加はいかがでしたか？

K　戸惑いましたね。

それもそのはず、この年1月からずっとウィーン国立歌劇場とコンサートで彼にとっての新曲を次から次へとこなす日々だったのだが、ザルツブルクではさらにこのようなオペラ、コンサートの課題をこなさねばならなかったのだ。彼ほどの初見能力なしに21歳の誰がこれだけ一挙にこなせるというのだろう。それもコンサートマスターとして。

——ザルツブルクはこの時が初めてだったのですか？

K　いいえ。ザルツブルクではサモヒル先生の講習会があって、学生時代の1964年から毎年行っていましたね。これはヘルブルン宮殿で北川暁子さんと演奏した時のものです。

と言って彼はその時の写真を見せた（次ページ）。今や2人の孫を持つ「オジイチャン」となったキュッヒルが、皆まだ若かった当時の写真を見ながら、「オバアチャン」と日本語で言って笑った。

——ザルツブルクは音楽祭、モーツァルト週間

サモヒル教授の講習会でキュッヒルとピアニストの北川暁子氏（右）。ザルツブルクで

など縁の深い街ですが、どう感じていますか？

K　音楽祭は「シキ・ミキ」ですね。

——えっ？　それ何ですか？

K　ほらハイソの人たちが集まるでしょう。あぁいう派手なのをそう言うのですよ。音楽は良いのだけど、そういうのはどうもね。この頃は音楽家の写真をお店に飾らなくなったでしょう。

その通りだ。最近ザルツブルクでは芸術家の写真の代わりにCDの宣伝ポスターが溢れている。ブランド店が増え、商業的雰囲気が音楽的雰囲気を圧倒する。ザルツブルクもウィーン同様昔からの老舗が姿を消してしまった。１９７０年代はもっと素朴だった。

上：ザルツブルク祝祭大劇場での50歳の誕生祝いの集まり。前列右からモルティエ監督、真知子夫人、キュッヒル、ズービン・メータ、ザルツブルク音楽祭総裁シュタッドラー。2000年8月25日撮影

50歳誕生祝いに家族で。
左から、長女のマリーナ俊子、真知子夫人、キュッヒル、次女のヴィニーひさ子。2000年8月25日撮影

50歳を祝ってのウィーン・フィル・メンバーの演奏。2000年8月25日撮影

――カラヤン時代、モルティエの前衛路線、モーツァルトのオペラ22作品を上演したルジツカ時代、現在の演出家フリム時代と監督が変わってきましたが、どの時代が良かったですか。

K　やっぱり権威をもって伝統を守っていたカラヤン時代が良かったのではないでしょうか。モルティエ監督の時はウィーン・フィルとの間もギクシャクしましたし、彼の監督時代にやった《こうもり》の演出などはとんでもないものでしたね。

――そうそう。バイロイトで《パルジファル》を演出したシュリンゲンジーフの舞台はごみの山でしたけど、あの手の奇妙な演出がザルツブルクでも増えましたね。

K　ああいうのは「ごみ」ですよ。ヴァイオリニストのルジェーロ・リッチさんが「若い世代は普通のことをすることを恐れているのではないか」と言っていましたよ。

――その通りですね。聴衆を無視した演出家の独り善がりは許せませんね。

K　昔はウィーン・フィル以外のオーケストラがオペラを演奏することはありませんでした。カラヤン以後は映画界のように派手になりましたね。音楽祭が観光収入のために重要な役割を果たしているのでしょうけどね。

モルティエ監督時代にはオペラの演出はほとんど「前衛的」とも言える舞台が多かった。彼の監督時代の《こうもり》はハンス・ノイエンフェルスの演出で、これは到底ヨハン・シュトラウスの《こうもり》とは言えない代物であった。第3幕に出てくる刑務所の看守フロッシュが第1幕からのべつ幕なしに好き放題に喋り、第2幕のオルロフスキー公のパーティはマリファナパーティで、「入場券代を返せ」という訴訟まで起こったのだった。裁判でノイエンフェルスが勝ったものの、裁判官が「原作を尊重するように」と諭すおまけまでついたのだった。

ザルツブルク郊外のアニフにあるカラヤン像で友人と

＊

ザルツブルクでは忙しい合間をぬって自転車で走ったり、家族との団欒、友人の訪問などが最も楽しいという。ここにはウィーンとは違った楽しみがあるに違いない。颯爽たる自転車競技姿の写真を見ながら、「ツール・ド・フランスね」と彼は楽しそうに言った。彼のマンションのあるモースシュトラーセのすばらしい並木道の周囲にはいくらも散歩道、自転車道がある。彼の誕生日は8月25日だ。50歳の誕生日に音楽祭とウィーン・フィルが合同で彼を祝い、両者の主だった人たちが出席した。彼が「僕は特別な存在ではないよ」といくら言い張っても、オーストリアの音楽界にとってかけがえのない存在なのだ。諺があるではないか、「重い稲穂ほど頭を垂れる」と。

（「音楽の友」2008年9月号より転載）

「ツール・ド・フランスならぬツール・ド・ザルツブルク」と笑いながら話すキュッヒル

ライナー・キュッヒルとめぐる“音楽都市”ザルツブルク

写真撮影：Winnie Küchil

毎年7〜8月にザルツブルク音楽祭が開催される街として、世界の音楽ファンに知られるザルツブルク。モーツァルト、カラヤンを輩出したこの街を、ウィーン・フィル第1コンサートマスターのライナー・キュッヒル氏に案内していただいた。

ザルツブルク音楽祭の歴代監督

毎年7〜8月に開催されるザルツブルク音楽祭は、祝祭大劇場、フェルゼンライトシューレ、モーツァルト劇場などが舞台の、世界最高の音楽祭となっている。2012年からアレクサンダー・ペレイラを監督に迎え（*注：2014年に退任）、どのような展開を見せるか注目される。ペレイラはウィーン・コンツェルトハウスの事務総長として実績をあげ、その後スイスのチューリヒ歌劇場を世界的水準に引き上げ注目されてきた。

彼は精霊降臨祭音楽祭の監督にメゾソプラノのバルトリを抜擢し、この異色の人事は世界を驚かせた。彼女は近年特色あるテーマを立てて活躍してきたから、おそらく期待に添う成果をあげるに違いない。彼女が早速ザルツブルクで

祝祭大劇場前で

立てたテーマは「ジュリアス・シーザー」。もちろん本人も出演する。

ペレイラの第2弾は、1度上演したオペラは2度と取り上げないという方針である。そうなれば必然的に、それらを見逃すまいとファンは思うであろう。さらに開催期間を延長し、7月20日から9月2日までとした。宗教都市でもあるザルツブルクに相応しく、12年は開幕の頭にハイドンの《天地創造》、ヘンデルの《メサイア》などを上演する。

カラヤン以後、モルティエ監督が打ち出した前衛的方針は世界的波紋を広げ、演出家主導のオペラを認知させた。その後を継いだルジツカの穏健路線でもこれは継承された。ついで演出家のフリムはピアニストのヒンターホイザーを音楽監督にすえたが、任期をまっとうせずベルリンへ転出した。むしろ中継ぎのヒンターホイザーが手腕を振るった印象が強い。その成果を

祝祭大劇場脇にあるカフェ・ニーメッツ。音楽祭期間中はウィーン・フィルの楽員もよく利用する

携え彼はウィーン・フェストヴォッヘンの監督に迎えられることになった。こうしたカラヤン以降の総監督の前衛か、穏健かといった方針の揺れはこの音楽祭の1920年以来の名声を傷つけるどころか、かえってセンセーションを生んできている。これはザルツブルク音楽祭の名声のなせる業であり、それを裏づける実績があるからだろう。そういう点でペレイラの登場は、モルティエ以来の話題を提供するに違いない。

モーツァルテウム音楽院
～《魔笛》小屋
～タンツマイスター・ハウス

そこでこうしたザルツブルク音楽祭の歴史と伝統が生かされ、受け継がれてきた器である祝祭大劇場、小劇場が生まれ変わったモーツァルト劇場、昔、馬の調教に使われたフェルゼンライトシューレなどを訪ねることにした。案内役はウィーン・フィルの第1コンサートマスター、ライナー・キュッヒル氏。キュッヒルさんのお嬢さん、ヴィニーさんは写真家。彼女にウィーンからザルツブルクに駆けつけてもらった。

可愛い娘さんだもの、父親たるものニコニコ顔になる。待ち合わせはザルツブルク祝祭大劇場楽屋口向かいのカフェ・ニーメッツ。年はザルツブルク音楽祭90周年の2010年。この年に記念切手が出た。祝祭大劇場のすぐ横のトンネルの上にも同じデザインが。まずは旧市街からザルツァッハ川を渡り、モーツァルテウム音楽院の大ホールへ。このバロック風のホールはとても美しい。ウィーン・フィルも何度も演奏している。舞台には「モーツァルト・マチネ」の準備で楽譜がずらり。興味深そうにキュッヒルさんが楽譜をのぞき込む。「あっちに座って。そして、こっち向いて！」と写真家令嬢の命令に天下のコンサートマスターも「ハイ、ハイ」

モーツァルテウム音楽院。
音楽祭期間中は人気シリーズ「モーツァルト・マチネ」などの会場として使われる

モーツァルテウム音楽院大ホールで、
愛娘のヴィニーさんのリクエストに応
じてポーズをとるキュッヒルさん

モーツァルトが育った
「タンツマイスター・ハウス」

モーツァルテウム音楽院の裏庭にある、モーツァルトが《魔笛》を書いた作曲小屋。
ウィーンからここに移された

と笑顔でポーズ。ここにはモーツァルトが《魔笛》を書いた小屋がある。お嬢さんに内部に飾ってある表示を説明している。

「次はミラベル庭園を通っていきましょうか」とキュッヒルさん。絵葉書のような絶景の庭園へ。「緑のトンネルもいいですね」とこちらの提案で、そこを抜けマカルト広場へ。ここには画家マカルト、ドップラー効果で有名な物理学者ドップラーの生家もあるが、何よりモーツァルトが育った「タンツマイスター・ハウス」(舞踏教師の家)は落とせない。ここにはモーツァルトの使った楽器など貴重な品々が展示されている。日本の保険会社、第一生命が大口の寄付をして昔通りに復元し、ファンの日本人の寄付も多い。それが石の銘板に刻まれている。ここに飾ってあるモーツァルトの影絵の横にキュッヒルさんを立たせ、ヴィニーさんがいたずら写真を撮っている。この親子の楽しそうな雰

ヘルベルト・フォン・カラヤンの生家にはカラヤンの銅像がある

囲気！

祝祭大劇場
〜フェルゼンライトシューレ
〜モーツァルト劇場

カラヤンの指揮姿の銅像がある生家の横を抜け、再びザルツァッハ川を渡りモーツァルトの生家へ。観光客でごった返すモーツァルト生家前のゲトライデガッセから、演奏会場にも使われる大学教会前の市場を抜け、祝祭大劇場へ。祝祭大劇場には幟がはためき、かなたにホーエンザルツブルク城が見える。

「控え室に寄ってみませんか？」とキュッヒルさん。服や楽器が置いてある。鏡に映った父親と楽器をすばやく撮影。この日、大劇場の舞台では、《オルフェオとエウリディーチェ》の装置の仕込み中。このホールにはザルツブルク音楽祭創始者の1人R・シュトラウスの胸像などが飾られている。

これは裏の山を削って4年がかりでクレメンス・ホルツマイスターの設計により、1960年に完成したものだ。舞台は5万5000平米、脇舞台まで入れると幅は100メートルもある世界一の大きさを誇っている。当時監督だったカラヤンが大喜びしてR・シュトラウスの《ばらの騎士》でこけら落としをした。

隣接のフェルゼンライトシューレへ。ここは昔、馬の調教に使ったところだが、岩に彫られた当時の観客席が舞台をユニークなものにしている。1693年、大司教ヨハン・エルンスト・トゥンが名建築家フィッシャー・フォン・エルラッハに命じて作らせたもの。ザルツブルク音楽祭創設者マックス・ラインハルトが1926年、ゴルドーニ《一度に2人の主人を持てば》でこれを使い、33年には所謂「ファウストの町」をホルツマイスターがこの中に作ったこ

ザルツブルク祝祭大劇場に到着！

とは有名である。48年、カラヤンが《オルフェオとエウリディーチェ》に使ってオペラ会場にもなった。その後青天井だったこの劇場に、開閉式の天井が取り付けられた。こちらは《ロミオとジュリエット》の装置の解体作業中（次ページ写真上）。2006年、隣の小劇場を「モーツァルト劇場」（Haus für Mozart）に作り変える際、フェルゼンライトシューレも改修され、音響効果が良くなった。

モーツァルト劇場は1925年から小劇場として使われてきたが、この間何度も改修されている。ザルツブルクの建築家ハンス・ホフマンとエーリヒ・エンゲルが、2004年の音楽祭終了後改修を始め、06年にモーツァルト劇場として再オープンした。「上に行ってみませんか?」とキュッヒルさんの提案で、モーツァルト劇場の最上階のテラスへ。ここには記者会見、パーティなどに使われる広間があり、町がよく見渡せる眺望の良いところだ。

モーツァルト劇場の下にはショップがあり、音楽祭グッズが買える。記念品を買うのに便利だ。目の前にあるレストラン「トリアングル」は音楽家の集まるところで、いつも超満員。裏に回ってサイン会がよく行われるレコード店「カトルニッグ」をのぞく。歌手たちご自慢の料理集「オペラが料理する」がある。面白そうに見入るキュッヒルさん。

思わぬ発見！　カフェ・トマセッリに「コンスタンツェは第2の夫ニッセン、子供たちと1820年から28年までここに住んでいた」というプレートが張ってあった。「カフェは歴史のあるトマセッリより、フュルストの方が美味しいよ」とキュッヒルさん。フュルストは有名なモーツァルト・チョコレートを最初に作った。そこでザルツブルク劇場めぐりを、フュルストのおいしいアイスとケーキで締めくくった。

以前は馬の調教場所として使われていたフェルゼンライトシューレ

モーツァルト劇場のテラスからの眺め

モーツァルト劇場脇にあるレストラン「トリアングル」。終演後にはよく出演者の姿を見ることができる

祝祭大劇場控え室で

ザルツブルク祝祭大劇場の関係者通用口から劇場内へ

（「音楽の友」2011年1月号初出記事より転載）

No.7

初めての日本、そして夫人との出会い

——初めて日本に行かれたのはいつですか？

キュッヒル（以下、K）　1973年です。

——月並みな質問ですが、その時の印象はどうでしたか？

K　東京のような大都市は見たことがないし、何の予備知識もなかったですから、当然それは大きな転換でした。東京のあわただしさはウィーンと比べて完全に違いましたからね。道におびただしい子供が溢れていましたし、とても興味深かったですね。食べ物も……。私にとってはすべてが新しかったです。ウィーンの中心部に当時「東京レストラン」というのがありましたが、それはほんのちょっと予備知識を与えてくれる程度のものでした。また、当時外国人向けの標識は少なく、何も読めるようなものがな

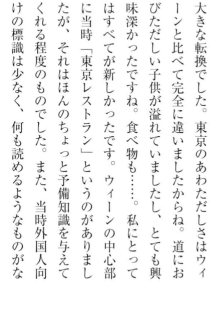

いので難しかったですね。泊まっていたのは帝国ホテルで、コンサートのある東京文化会館まではバスで行き来しました。あの時は大阪、名古屋、札幌で演奏しました。どの町に行っても似ていましたし、ドイツのようにそんなに極端に違う事はなかったですね。

——日本はどこに行っても「何々銀座」というのがあって似ていますね。それに普通の民家とビルディングが混ざってありましたでしょう。

K　そうですね。75年には新宿に泊まりましたが、あそこには3つ高い建物がありましたね。私はお寺とか博物館には興味がないのです。それより道行く人々を見ているほうが面白いし、人々の生活ぶりが興味深いのです。だから演奏会場へバスで行ってもバスの中から見える人々、生活に惹かれましたね。

——ウィーン・フィルハーモニーにはヒューブナー先生のような日本のものは何でも好きという大の親日家とか、ヴィオラのトップだったヴァイスさんのように日本学の講座に通ってみたり、俳句集を出したり、別荘に日本庭園を作ったりされる方がいらっしゃいますが、キュッヒル先生はアプローチの仕方や考え方が違いますね。

K　初めて行った73年は母と一緒だったのですが、母は「日本にはパンがない」とこぼしていました。ぼくは何でもおいしいと思いましたね。食べ物がおいしいのも日本に行く楽しみの1つです。それと日本の人々は親切でしょう。

——先日日本にオーケストラを作ろうかと考えられたことがあると伺いましたが、どうしてですか？

K　若い頃日本に住みたいと思ったことがあったのです。それだったらオーケストラを作ろうかと……。30代の頃ですね。そういうことを言っているということがサモヒル先生に伝わって、先生から忠告されたり、妻に反対されて実行しませんでしたけど……。

――ええ！　驚きましたね。何故日本に住もうと考えられたのですか？

K　若い時というのはいろんなことを考えるじゃありませんか。そうした漠然としたものだったのですよ。

――この前お話しした時、第2回日本訪問の75年には「お嫁さん探しをしようと思って行った。これは冗談でなくですよ」とおっしゃっていましたね。それは日本の文化に惹かれるとか、何かそういう背景があったのですか？

K　いいえ。そんな風にすぐ分析したがるのはとても日本的ですね。彼女は一目惚れです。エレベーターの中で着物を着ていた妻に出会ったのです。そこで彼女の知り合いのシャイヴァインに頼んで、彼女と会えるようにしてもらったのです。

真知子夫人（以下、M）　私は何も知りませんから、シャイヴァインさんに食事に誘われたんですね。そうしたらそこに主人が現れて一緒に「食事をしていいか」と言うのです。もちろん「どうぞ」ということで一緒に食事したのが始まりです。

——多くの人になれ初めのことを聞かれるので、面倒になってプリントして聞かれたらそれを差し上げるとおっしゃっていましたね。僕はそういうことに興味があってお聞きしたわけではないのです。キュッヒル先生の日本好きということとどう関わりがあったのかな、という関心からなのです。

キュッヒルが見つめているのは着物ではなく……

M　彼は私が着物を着ていたから着物に惹かれたのですよ。だから「その着物を貸して」、と言う人がいますよ。

――冗談でしょう。ほら彼は着物でなくあなたの顔を見ているじゃありませんか（右ページ写真）。

M　ヨーロッパの方々は顔が立体的でしょう。あの頃平面的なのが良いって言ったりもしていたようですよ。私たちは共通するところが多いので喧嘩はしませんね。

――私も拝見していて先生の真面目さと真知子さんの真面目さ、几帳面さなどとてもおふたりは似ていらっしゃるし、共通しておられると思います。こちらのトップの方々は非常に優れていらっしゃって、知性、教養、行動などとても敵わないと思うことがありますね。

M　日本は中流層が厚くて一般的な理解度は広いと思いますが、こちらの上流層の方々と一般の方々とは非常に違います。

K　人生には宿命的なところがあっていつもそれに導かれて生きてきたように思うのです。妻との出会いもそうでしたが、いつも何か自分の前に現れて、それに導かれて人生が進んできたという感じがありますね。ですから私の日本好きとか、日本に住みたいと思ったこととか、妻との出会いとか、そういうことをいちいち分析しても仕方がないですよ。こういうことは説明できないことで哲学的な問題ではないでしょうか。

（「音楽の友」2009年1月号より転載）

結婚式の写真。ウィーン少年合唱団がミサで歌うことで有名な王宮礼拝堂にて

No.8 日本をめぐり思う、ヨーロッパとの伝統の違い・その受け継ぎ方

――この前、真知子さんとの出会いは「幸運な偶然」と言っていらっしゃいましたね。

キュッヒル（以下、K） そうです。好きということはいちいち理由づけて説明することは出来ません。

真知子夫人（以下、M） 主人との出会いは私の誕生日だったのですが、偶然彼が食事の席に現れるようにシャイヴァインさんと仕組んであったのですね。その後「ウィーンに勉強に来たら」と言うので行ったのです。そうしたら毎日現れて誘うのですね。しまいには彼の故郷に来ないかと誘われて行ったら、そこで「結婚したい」と申し込まれたのです。実は私はそのとき他の方と婚約していたのですが、私も彼を好きになっていたので、そちらをお断りして結婚することになったのです。

——先生が言われるように「好き」というのは「好き」としか言いようがないですから、個人的なものでも日本に対するものでも説明のしようがないですね。その頃のお話をもう少し伺いたいのですが……。キュッヒルさんが日本の食べ物は何でも好きで、お酒も飲んで酔っ払ったというのにはちょっと驚きました。だって今アルコールは全然召し上がらないじゃないですか。

K　若い頃のことですよ。お酒はワインと原料が違いますから、味も違いますしね。ともかく日本の食べ物は何でも好きです。パチンコもやりましたよ。

——それはそれは……。

K　パチンコの機械音はうるさいでしょう。あれは気にならないのだけど、大音響の音楽がたまらなくてね（と言って彼はメロディを口ずさんでみせた）。だから何度も行っているわけではありません。

——「軍艦マーチ」ですね。大音響の音楽がイヤだというのは分かりますね。私も誘われて2〜3回パチンコに行ったことがありますが、自分から行く気にはなれませんね。

K　生活を見るのが好きというのは、道行く人を見ているだけで面白いのです。70年代は外国人がまだ珍しくて、金沢では子供たちが顔を手で覆って、そっと見るんですよ（その真似をする）。それでも100メートルもついてきましたね。今はどこに行ってもそういう事はありませんけど……。

M　デパートの地下に行くのはとても好きらし

いですよ。「Suica」というのが鉄道の改札口にありますでしょう。ああいうものでも見ていて面白いのだそうです。

——70年代と比べると今の日本は大きく変わったと思いますが、いかがですか?

K　ズボン姿の女性が増えたり、髪を染めるとか変わりましたね。日本の人は本来親切で、純粋なところがあり、勤勉でしたね。今の若い人たちを見ていると将来はどうなるのだろうと、心配ですね。

——それは私も同じです。敗戦後日本は戦前の水準に戻ろうと努力し、その後もっと豊かになろうと高度成長期を迎え、物質的に豊かになったのは良いのですが、これでいいのかと多くの人が心配していると思います。

前回もご紹介したキュッヒル夫妻のプライヴェート写真。今度はキュッヒル自身がつけてくれたタイトル(「」内)とともに紹介していこう。なれ初めの時代は「アダージョ」(1975年5月)

K　それだけではなく日本は極端から極端に走るところがあって、変化が大きく昔からの伝統が断絶しているのではないでしょうか。

――おっしゃる通りです。明治維新での断絶、第二次世界大戦敗戦後の断絶と日本の伝統は断絶を経験しています。

K　そこがヨーロッパと違うところですね。こちらでは伝統はそのまま受け継いできていますから。

――ただ日本の伝統の受け継ぎ方と、ヨーロッパの伝統の受け継ぎ方は違うのです。ヨーロッパでは物そのものを受け継いで建物などそのま

オーストリアで愛を育んだキュッヒル夫妻。「カンタービレ」(1975年)

まに残そうとするでしょう。シュテファン寺院の改修工事をやっていますが、傷ついた石を入れ替えてそのまま建物を残しますね。

ところが日本では伊勢神宮は2つ神宮の敷地があって30年だか50年だかに一遍、同じ形で新しく作るのです。安芸の宮島の水中の鳥居も6代目だそうで同じ物を作り替えるのだそうです。ヨーロッパは物を残し、日本は形を受け継いでいくのです。それは木や紙でできた文化と石の文化の違いで、その上地震などあるでしょう。そういう理由もあるそうです。

K　日本の伝統の受け継ぎ方がそういう理由でだというのはよく分かりますね。実はぼくはそういう石とか物には興味がないのです。そうではなく伝統が作り上げた精神的なものが大事で、それを受け継ぐことが大事ではないかと思います。

――その通りですね。ただ日本の伝統は継続していないのではないかと言われましたが、変わり身の速さは日本人の特徴です。これもいい点と悪い点があって私の郷里にあった江戸時代の石橋が大水で壊れたら、壊れていない橋まで全部撤去して現代風の橋に変えたのです。これには私は憤慨しています。

K　伝統の継承という点で歌舞伎はどうなのでしょう。残るでしょうか?

――難しい問題ですね。オペラはイタリアで始まりましたが、ヨーロッパ世界に広がり、国際性と普遍性を獲得してきましたから、日本人もオペラをやれるわけです。歌舞伎は日本だけで発展していますし、主役を継承できるのは多くが父親が立派な役者の子供なのですね。伝統文

婚約記念写真は「トリオ+1/2」。キュッヒル夫妻とウィーン・フィル楽団長ヒューブナーが「トリオ」、楽友協会会長ハシェック博士(前列左)が「1/2」とのこと(1975年8月25日ザルツブルクにて)

「メヌエット」。カール・ベームと真知子夫人(1975年6月)

化として残す努力はするでしょうが、悲観的ですね。戦前は地方都市にもそういう劇場があって私も子供の頃見た記憶があります。そういうものも日本は失ってしまいました。

(「音楽の友」2009年2月号より転載)

「インテルメッツォ」。長女の誕生（1979年12月）

次女の誕生、新たな家族を迎えて「ヴァリエーション」（1983年12月）

No.9 日本を理解すること、日本の歌で「音楽する」ということ

――ところでキュッヒル先生の「日本の歌」のCD〈「Japanische Lieder――日本の歌」[PI-PLCC765]（*注1）、小野崎孝輔編曲、ハープ：グザヴィエ・ドゥ・メストレ〉は実にすばらしいですね。私は先生が詩を朗読されているのではないかとすら思いました。

真知子夫人（以下、M）　大体の内容を私が説明してありますが、本人は詩を読んではいません。

――どうしてあんなにも詩、曲の内容にマッチして弾いていらっしゃるのかと思います。

キュッヒル（以下、K）　言葉はその国の人間でないと難しいですが、楽器での表現は可能だということでしょうか。

*注1：2011年にリマスタリング盤（「JAPANESE SONGS――日本の歌」NYCC27266）で再リリース

――「荒城の月」などまるで朗読ですよ。

M　「初恋」も良いと人に言われます。

――どれもこれもあまりにすばらしい表現で、日本人そのものです。私にはキュッヒル先生が日本を深く理解しておられるから、あそこまで心情的に表現されているように思えてなりません。ところで日本でもレッスンを受けたい人が多いでしょう。日本の生徒はどうですか？

K　ただ譜面づらだけで弾こうとする、型にはまった演奏をする傾向があるのではないでしょうか。譜面をどう読み取って自分で掘り下げて行くかという面が足りないように思います。

――生徒だけでなく、日本の先生には生徒を自分の型にはめようとする方もいるようです。日本の伝統の継承は形を受け継ぐことだということを申しましたが、そういうことと関係があるのでしょうか。日本人は形から入ろうとするようですね。

バッハの「無伴奏ヴァイオリン、ソナタとパルティータ」[PI-PLCC766～7]（＊注2）も自由で、軽やかなのには驚きました。ムローヴァがソヴィエトから亡命して何年かして、バッハの作品はこういう意味があったのかと言っていましたね。

K　ロシアにもバッハは型どおりに弾くものだという傾向があるようで、オイストラフもそうでしたね。

――いつだかキュッヒル先生の生徒がどこかの講習会に行き、その後先生のレッスンがあった。ところがあるところで止まってしまったので、

＊注2：2014年にリマスタリング＋HQCD盤（NYCC27277）で再リリース

「日本の歌」を演奏（2004年11月23日すみだトリフォニーホール）した際には袴姿で登場

「どうしたの?」と聞いたら、「キュッヒル先生が教えられたのと、講習会で習ったのと違いました」と言うので黙って何も言わなかったとおっしゃっていましたね。その生徒自身の判断を待っていたからだということでしたね。

K　音楽するということは自主性があって、自分から創り出していくものでしょう。だから自分でどう決めるか待っていたのです。

M　キュッヒルの教え方が自主性を引き出すということで、かつて世界的国際コンクールの優勝者がウィーンまでレッスンを受けに来ました。また、年配でヴェテランの女性現役ヴァイオリニストなどからも、時々レッスンをお願いされています。

*

K　……ところでね、「嬲《なぶ》る」という漢字はよく出来ていると思いません? 男という字の間に女が挟まっているでしょう。

——その通りですね。そういうのでは「峠」という漢字も良く出来ていますね。木↓林↓森というのはどうですか?

K　とてもよくわかりますね。では「面白い」というのはどう考えたら良いのでしょうね?

——ムムム……「面」は顔ですね。「蒼白」、「真っ青」、「真っ赤」になるなど顔の表現は色でしますから、そこから来ていると思いますが、これは難しいですね。

キュッヒルはかつていつもポケットに小型辞

書を入れていて、それで日本語を調べていたものだった。予想外の質問に「面」食らったが、ともかくこの人は研究熱心でとことん極める人なのだ。

去年（＊注：２００８年）11月19日の朝日新聞『声』の欄に「演奏中携帯、巨匠慌てず」という見出しの投書があった。その内容はおおよそこういうことだった。「モーツァルトのソナタの演奏中、楽章の切れ目で携帯の受信音が鳴り始めた。キュッヒルはその音が鳴り止み、客席のざわめきが収まるのを待っていた。再び彼が弾き始めたと思ったら、《何とそれは携帯電話の電子音のメロディを寸分違わず真似た音でした。会場は驚きで息をのんだ後静かな笑いの輪が広がりました（引用）》。一瞬のうちに会場を和ませ、自分の気持ちを落ち着かせた機転とスピリット、それと素晴らしい演奏」に、この人は感嘆したという。

キュッヒルが「日本の歌」を演奏するとき、真知子夫人がその歌詞の意味を氏に伝えたという

キュッヒルという人は演奏に対して全精神を集中しているからであろう、厳しい表情を見せる。しかし彼の心の中は曲の内容に沿った豊かな感性が生き生きと反応しているのだ。

こういう経験がある。ウィーン・フィル160周年の年だった。偶然オペラの帰りに一緒になった。私は「今年は何も記念行事はしないのですか?」と声をかけた。すると「何もしません」とそっけない返事が返ってきた。そして道が分かれるところまで2人とも無言で歩いた。そこで私は悟ったのだ。彼は演奏会場に向かう時はもう自宅から全神経は演奏に集中していて、終わった後も頭の中は演奏のことで一杯に違いないと。演奏の前後と普段の彼とは違う。だから私は演奏会に向かうキュッヒルをしばしば見かけるが、できる限り彼の集中を妨げないようにすることにしている。彼がサモヒル先生の初めてのレッスンの後で気を失った話を以前紹介したが、この逸話は彼がいかに集中して演奏するかを示している。

誤解しないでほしいのだが、彼は無条件に日本を良いと言っているわけではない。会場を出た途端に音楽の香気が失せる環境だとか、自然の破壊など、ある種のHassliebe（愛憎半ばする感情）もあるのだ。

（「音楽の友」2009年3月号より転載）

ライナー・キュッヒルとめぐるウィーンの劇場

写真撮影：Winnie Küchil

「音楽の都」の中心は何といってもオペラ、
演奏会の行われるウィーン国立歌劇場、
フォルクスオーパー、ムジークフェライン、コンツェルトハウス、
アン・デア・ウィーン劇場などであろう、
というわけでキュッヒル夫妻にご同行願うことになった。
今日の写真家はキュッヒルさんの次女ヴィニーさん。
彼女はウィーンでもっとも歴史あるK・K（帝立・王立）写真アカデミーで
学んだ本格派。撮影にはうってつけの人だ。

国立歌劇場前で

カフェでは音楽談義に花が咲いた

キュッヒルさん行きつけのカフェ・オーパー・ウィーン

行きつけのカフェで待ち合わせ

キュッヒルさんの行きつけのカフェはオペラ座の中にあるカフェ・オーパー・ウィーン。約束の15時に行くと奥のほうで彼が手を挙げて合図する。

「何かご注文ください」と促されて「ココアとヨーグルトケーキ」と注文しているところへヴィニーさんが写真の道具をいっぱいつめたリュックサックを背負って現れる。「アルプスのシェルパみたいだね」と優しいパパがからかっている。すぐに真知子夫人も到着。お茶を飲みながらお喋りが始まった。するとすかさずヴィニーさんが写真を撮り始める。

「キュッヒルさんはそれぞれの劇場にどんなイメージを持っていますか？　例えばウィーン国立歌劇場で弾くとき、ここで昔ロゼも弾いていた、などと考えたりしません？」と聞くと、「いや、楽譜に向かうともう音楽のことしか頭にないですね」という。夫人が横から「この人は楽譜に集中すると他のことはまったく頭に入りません」とコメント。「そういえばあなたは子供時代初めてサモヒル先生のレッスンを受けたとき、レッスンが終わったら気絶したと言いましたね。あれには驚いたなぁ。きっとすごく集中していたので、レッスンが終わったら気を失ったんだと思いましたよ」と僕が言うと彼は「僕は楽譜を見ていると横で誰かが喋っていても耳に入らないのです」という。ともかく彼の集中ぶりはすごいものである。

自然と指揮者の話となる。「一時ムーティと疎遠になりました。その後また仲良くなったのですけど……」「どうして？」「マーラーの4番のテンポで意見が合わなくてね」という。「それでどちらが勝ったのです？」「マーラーです」「それは傑作だ！」とこの名答に大笑い。

国立歌劇場の売店で掘り出し物発見！

「じゃあ、そろそろ行きましょうか。まずちょっとこの中をのぞいてみたいですね」ということで楽屋口に向かう。彼が連れて行ってくれた所はコンサートマスター室。「あ、まだホーネックがいる。いいかな？」と言いつつお邪魔する。2人は何やら打ち合わせ。

さて、と外に出てウィーン国立歌劇場の売店アルカーディアに行くと、外に出してある古本から彼は1冊本を取り出して、「これ、ベートーヴェンです。リーツラーの」「え！　珍しいな。僕が買いたかった」。中に入った彼がニコニコして出て来る。「たったの9ユーロでしたよ」「それは掘り出し物だ」と話していると、そこへおずおずと若い日本人女性2人が寄って

国立歌劇場横のカラヤン広場には大きなWの文字が。ウィーン・フェストヴォッヘンの飾りだ

国立歌劇場の楽屋口へ向かう

キュッヒルさんが見つけたのはリーツラー著『ベートーヴェン』

なかなか見ることのできない国立歌劇場内のコンサートマスター室。この日はホーネックがいた

シカネーダーが建てたアン・デア・ウィーン劇場には、
この街の音楽の歴史がつまっている。右は真知子夫人

くる。「テレビで見ました。感激しました」という。「ツーショットをお願いします」と代わる代わる写真撮りに忙しい。サインをもらって大満足の態だ。

国立歌劇場横のカラヤン広場に大きくW文字のウィーン・フェストヴォッヘン（ウィーン芸術週間）の飾りが立っている。

「キュッヒルさんは今度（２０１０年）のフェストヴォッヘンでベートーヴェンのヴァイオリン・ソナタ10曲の全曲演奏をしますね。どうして？」「ぼくの60歳の記念と、伴奏の加藤洋之さんにウィーンで弾いてもらいたいと思って……」とのこと。そういうことだったのか。それはいい記念だ。「パパ、そこに立って。あっち向いて」と可愛い娘さんの注文が飛ぶ。これだと曇りだけど良い写真になりそうだ。

ブラームスの旧居とムジークフェラインの中間にはブラームス像が建っている

上：美しく飾られたウィンドウを見るのも、散歩の楽しみの1つ
下：ウィーンの街でもひときわ目立つのが、分離派会館のユニークな建物

カール教会前で。皇帝カール6世の命で建築されたこの教会は1737年に完成した

ウィーン川の横の劇場＝アン・デア・ウィーン劇場

アン・デア・ウィーン劇場に向かう。「あの劇場はどうですか?」「狭くて、響きが悪いと思います。歴史のことは別ですよ」。アン・デア・ウィーン劇場は、モーツァルトの没後10年にあたる1801年に、友人の興行師シカネーダーが建てた劇場だ。彼は《魔笛》の台本を書き、パパゲーノを歌った。この劇場から程近いフライハウスでのことである。だからその近辺には魔笛に因んだ名前がたくさんある。モーツァルト通り、シカネーダー映画館、ホテル・パパゲーノ、フルートを吹くタミーノにパミーナが寄り添った像のある噴水もある。

何やら見つけたキュッヒル、覗き込んだのは甘いもの屋さん。彼はお酒を飲まない。世紀末芸術の総本山だったゼセッシオン（分離派会館）の横を過ぎて、アン・デア・ウィーン劇場へ。ちょうどフェストヴォッヘンのオペラ《ヴォツェック》をやっている。昔は現在の正面が面しているナッシュマルクト（ウィーン一の市場）の方からではなく、脇のミレッカーガッセの方に入口があった。シカネーダーの《魔笛》への思いが込められていたのだろう、入口の上にはパパゲーノと動物たちの像が飾られている。ナッシュマルクトの下をウィーン川が流れていて、そこでこの劇場は「ウィーン川の横の劇場」という意味で「アン・デア・ウィーン劇場」と名づけられたのだった。

「ナッシュマルクトを横切って行きましょう」とヴィニーさんの提案で市場へ。「僕と同じような名前の店ですよ」と彼が言う。道に面して「Kuchl＝クーヒル」（オーストリア・ドイツ語で「台所」という意味、ちなみにキュッヒルはuの上に点「ウムラウト」がつく）という店があった。

ムジークフェラインには弦楽器工房も

カール教会の前を過ぎ、ブラームス像が見えてくる。「この前いたずら書きがしてありましたね」と言うと真知子さんが、「消えているかしら」と心配する。幸い元通りになっている。「ここでも1枚」と注文する。この像はブラームスの旧居とムジークフェラインの中間にあって、右にはコンツェルトハウスも見える。「ブラームスは自分の作品がちゃんと演奏されているかどうか、耳を傾けているんだ」などともっともらしいことを学生たちに言ったものだった。

ムジークフェラインの前の地面にも、星型のプレートがいくつかある。これはシュテファン寺院からアン・デア・ウィーン劇場までとムジークフェラインまでの間に、歴史的に有名な作曲家、指揮者など音楽家のサインと写真を入れて記念しているものだ。

ムジークフェラインの横の通りは、オーストリアの誇る有名なピアノ・メーカーの名前をとったベーゼンドルファー通りと、リングから入るドゥンバシュトラーセに面している。ドゥンバはこの建物が建った時、落成式で挨拶をした芸術の擁護者だ。彼は芸術のために大変骨折った。爵位も断ったくらい新興ブルジョワの誇りを持ち尊敬された人で、彼の墓は中央墓地のブラームスの墓の隣にある。この建物にはベーゼンドルファーのショールームも入っている。

それだけではない。資料保管室も、今のウィーン国立音大も昔はここにあったのだ。つまり音楽関係のものを一緒に入れるという発想がムジークフェライン（楽友協会）が設立されたときからの思想なのである。そういうわけで、裏の角に歴代弦楽器の工房がある。今はゴルバッ

ムジークフェラインの楽屋口

ムジークフェラインにはウィーン・フィル専門の弦楽器工房もある

アルヒーフ、楽友協会大ホール、ブラームス・ザール……音楽に関するものすべてが１つの建物に集約されているムジークフェライン。組織が発足したのは1812年。同協会大ホールが出来たのは70年。右に見えるのはリング通りの外側にあるカール教会

ハが継いでいる。「キュッヒルさんもここを使っていますか?」と聞くと、「ええ、使っていますよ」との返事。

キュッヒルさんの思い出の場所、コンツェルトハウス

コンツェルトハウスが見えてきた。「キュッヒルさんと僕は同じ時代にこの大学にいたんですよね。あなたがコンサートマスターになったと聞いてびっくりしました。僕はこの建物の中にあるアカデミー・テアターでオペラの授業を受け、図書館で楽譜を借りたものでした」と言うと、僕の言葉に相鎚を打っていた彼が、「僕もここでレッスンを受けていましたよ」という。街の中心にあるザイラーシュテッテの方の校舎だと思っていたのでびっくり。今はここはピアノ部門だけの校舎になっている。1913年にコンツェルトハウスが建てられたとき、ムジークフェラインで手狭になっていたウィーン音楽アカデミーを収容すべく、設計されたのだ。

「僕はウィーン・フィルハーモニーのコンサートマスターになるまで2度しかオペラは観に行ったことはなく、コンツェルトハウスの方にばかり行っていました」と彼が言う。「モーツァルト・ザールは美しいし、響きも良いですね」「そうですね。でもコンツェルトハウスは改修してから響きが悪くなりましたね」と彼は言った。

音楽家が往来するウィーンの日常

バーンスタインやマーラーのプレートを見ていると、そこに指揮者のド・ビリーが現れるではないか。「やあやあ」と握手。ともかくキュッヒルという人はウィーン中で知られた人だから、いたるところで知人、友人に会う。見知ら

コンツェルトハウスにあるマーラーのプレートの前で

キュッヒルさんも学生時代にレッスンを受けたコンツェルトハウスの校舎（今はピアノ部門だけの校舎になっている）

ぬ人でも「キュッヒルだ」という表情をする、などと思っていたら、向こうからまた1人。「ドレスデン・シュターツカペレの人です」と彼はコメントしたが、親しそうに握手。その後にまたもや今度は教え子の学生がやってきた。
写真はどうかと心配していたが、始終ニコニコ顔で大成功。これは写真家がヴィニーさんだったせいだろう。ウィーンの誇る音楽劇場めぐりはかくして楽しい散歩となったのだった。

（「音楽の友」2010年7月号別冊付録初出記事より転載）

地面にいくつもある音楽家の星型プレート。これはバーンスタインのもの

今度はドレスデン・シュターツカペレの知り合いと遭遇

指揮者のド・ビリーに出会う

No.10 キュッヒルと仲間たちがつくるアンサンブル

キュッヒルが主宰するアンサンブルは「キュッヒル・クヮルテット」と「ウィーン・リング・アンサンブル」の2つである。前者はオーストリア以外では「ウィーン・ムジークフェライン・クヮルテット」という名称を名乗ってもいる。現在（＊注：2009年）の顔ぶれは第2ヴァイオリンにエッカルト・ザイフェルト、ヴィオラはハインツ・コル、チェロにゲアハルト・イーベラーだが、1973年に結成されてからは顔ぶれに変動があった。チェロをのぞき他はサモヒル教授に学んでおり、音楽の同質性が保障されていると言える。78年にモーツァルト賞を受賞しており、ムジークフェラインでクヮルテット・ツィクルスを持ち、年に5回の演奏会を続けてきた。

——あなたはもともと弦楽四重奏がお好きだったわけですが、このクヮルテットを結成されるについて特別な方向性やあり方を考えて結成されたのでしょうか？

K　いいえ。そうではなくウィーン・フィルハーモニーでは、コンサートマスターはクヮルテットを作ってきていますし、それがムジークフェラインを本拠地として演奏会を開くのが、伝統なのです。

——演奏曲目に何か特別なものを盛り込むという方針はあるのですか？

K　いいえ。それはありません。でも例えば今シーズン（＊注：２００９年秋～２０１０年春）はハイドン没後２００年という記念の年ですから、ハイドンの作品を毎回入れたプログラムになっています。

——それはあなたが決められるのですか？

K　そうです。時々ムジークフェラインの事務総長のアンギャンさんの希望が入ることもありますが。

今年（＊注：２００９年）は5回ともハイドンとモーツァルトの作品が入り、それにヤナーチェク、ドヴォルザーク、ショスタコーヴィチの作品が加えられ、古典と現代の組み合わせというオーソドックスなプログラミングとなっている。

——キュッヒル先生はその他に「ウィーン・リング・アンサンブル」というユニークな室内楽をなさっていますね。シュトラウス・ダイナスティーとこちらでは言っていますが、ヨハン・シュトラウスを中心に典型的なウィンナ・ワルツ、ポルカなどを専門に演奏する団体はウィー

ウィーン・リング・アンサンブルと、楽友協会ブラームス・ザールにて
©Terry ／ Wiener Philharmoniker

ン・フィルの歴史にはかつてありませんでした、画期的なことですね。どうしてそのようなアンサンブルを始められたのですか？

K　あれには実は面白いきっかけがあるのです。あるとき骨董屋をなさっている方がウィンナ・ワルツ、ポルカなどを演奏してほしいと言って来られたのです。それだけでなくそれをレコーディングしたいと……。

――それは面白いですね。それでその録音はどうされたのですか？

K　当時ですから、彼はLP録音で儲けられると思ったのではないでしょうか。

――それで演奏と録音をなさったのですか？

K　そうです。それを聴いた日本の音楽事務所が、これは面白い、と言うので日本でのツアーが始まったのです。

――瓢箪から駒といいますか、不思議なきっかけで始まったのですね。それで毎年ウィーン・リング・アンサンブルのニューイヤー・コンサートが日本で行われるようになったのですね。

K　そうなのです。ですからウィーン・リング・アンサンブルのニューイヤー・コンサートは、暮れのムジークフェラインと日本でしかやっていません。

――僕はいつかモーツァルトのメヌエットはダンス抜きに聴けば独自の価値のあるものだ、とあなたから伺っていましたから、てっきりヨハン・シュトラウスの場合も音楽だけなら別な価値が出てくるといった風な考えから始められたのだとばかり思っていました。

K　音楽について言えば、メヌエットとは別の意味で価値あるものでしょうね。メヌエットの場合はやがてシンフォニーの欠かせぬ要素にな

琴との合奏も（2005年3月）

ウィーン・フィル首席ハープ奏者メストレとの演奏
（2004年11月、すみだトリフォニーホールにて）

っていきましたね。ウィンナ・ワルツなどシュトラウス周辺の音楽はオーストリア人にとって血の中に流れているもので、ワルツのリズムひとつとってみても多くの音楽の中で独特な位置を占めています。それがウィーンの音楽の特徴を作っていることは紛れもない事実で、ウィーン・フィルは誰にも指示されないで黙っていても独特のワルツを奏でることができます。

——そういえばR・シュトラウスのオペラ《ばらの騎士》の時代背景を考えると、まだウィンナ・ワルツはなかったはずですが、えもいわれぬ素晴らしいメロディであのオペラのウィーン的独特な雰囲気を作っていますね。

かくして生まれたウィーン・リング・アンサンブルは「キュッヒル・クヮルテット」にコントラバスのアロイス・ポッシュ、フルートの名

楽友協会夜景

手ヴォルフガング・シュルツ、クラリネットの名手ペーター・シュミードルとヨハン・ヒンドラー、ホルンのギュンター・ヘーグナーを加えて9名で構成されている（＊注：２００９年当時）。

09年は1月1日のウィーン・フィルのニューイヤー・コンサートが終わったら、3時間後には飛行機に乗って日本へと向かった。今や「ウィーン・リング・アンサンブル」は日本のニューイヤー・コンサートに欠かせぬ存在となっている。遠くウィーンまでやってきてウィーン・フィルのニューイヤー・コンサートを聴きたいファンは山ほどいる。しかし、ウィーン・フィルの精髄で構成されているこのアンサンブルはウィーンまで行かずとも、その雰囲気を充分に味わえるとあって確固たるファンがつくようになった。

（「音楽の友」２００９年4月号より転載）

楽友協会ブラームス・ザールでのキュッヒル・クヮルテット、ツィクルス演奏会より

2011年1月28日、旭日中綬章を受章。右は岩谷滋雄駐オーストリア特命全権大使（当時）

No.11

オペラ、シンフォニー、室内アンサンブルの違い

——キュッヒル・クワルテットやウィーン・リング・アンサンブルについてもっとお伺いしたいのですが、曲目の選択についてメンバーから異議が出ることがありますか？

K　もちろんあります。指揮者も同じですよ。しかし、ほとんど私の考えどおりにやっています。

——練習は何回くらい、どこでなさっていますか？

K　練習は2〜3回、ムジークフェラインの地下にグラス・ホール（Gläserner Saal）とか、ストーン・ホール（Steinerner Saal）とか、いくつか新しいホールでやっています。ときどきブラームス・ザール（Brahms-Saal）のこともあります。

――来年（＊注：２０１０年）のメインのプログラムは決まっていますか？

K　ええ。来年はウィーン・フィルハーモニーの創立者オットー・ニコライ生誕２００年ですから彼の曲を取り上げます。彼の誕生日６月９日の翌日、６月10日に演奏します。

――練習の話に戻りますが、他のメンバーから曲の解釈について意見が出ますでしょう？

K　もちろん出ます。メンバーは曲についてそれぞれの考えを持っているわけで、それを練習する中で合わせていくわけです。しかし、この曲はこうやるのだと決めているわけではなく、楽譜から汲み出していくのです。それも曲による違いがありますから、こうでなくてはいけな

「レヴェルの高いオーケストラほど指揮者はそれをコントロールしていくべきなのです。それができる指揮者はいませんね」©Terry ／ Wiener Philharmoniker

いと事前に確信を持っているわけではありません。あくまでも楽譜に忠実にという考えでやっています。

――第1ヴァイオリンとチェロが目立って第2ヴァイオリンとヴィオラがその間に埋没しないようにという考えだとほかのインタヴューでおっしゃっていますね。

K　4人平等であるのが理想ですが、実際演奏する場合には結局私がリードせざるを得ないのです。クワルテットは全員が同じように研究し、同じように取り組むべきです。自分のパートだけでなく、他のパートまで知っているのが理想です。しかし、実際にはそれはなかなか難しいですね。

――ウィーン・リング・アンサンブルの場合はどうですか？

K　こちらはもう皆の血の中にワルツが染み込んでいますので、クワルテットとやや事情は違います。日本に出かける前に練習と演奏会があります。大部分の曲はすでに弾いているので、みんなも曲についてよく飲み込んでいるのです。

――曲目の選定はご自分でされているのでしょうか？

K　シュトラウス協会のロートさんと相談して決めています。

――楽器はいつもストラディヴァリウスを使っていらっしゃるのでしょうか？

K　自宅でやる時以外はいつもそうですね。

ウィーン・リング・アンサンブル　©Terry ／ Wiener Philharmoniker

——演奏されるときオペラ、シンフォニー、室内アンサンブルと弾き方を変えていらっしゃいますか？

K　基本的にはどの場合も同じですが、ソロの場合は違いますね。曲の難しさはどういう曲でも同じですから。しかし表現は同じなのです。もちろんオーケストラの中ではダイナミックスを控えめにするということはあります。ソロですと演奏するホールの空間の音響だとか雰囲気とかありますから、アンサンブルの中で弾くより弱くしたりということもありうるでしょう。

——たとえば、ベートーヴェンの《大フーガ》の難しいところはどういうところでしょう？

K　難しさは技術的な問題よりも精神的表現とか緊張感にあると思います。１つの音が50の音より難しいということがあるのです。難しいところがあるというよりはそこを弾けるかどうかが問題ではないでしょうか。その点はヴァイオリンだけとか、チェロが難しいということではなくて、みんな難しさは同じなのです。難しい箇所があるというより、そういう箇所を４人が緊密に弾くかどうかが大切なのです。「難しい」ということは心理的問題でもあります。その人が難しいと思いこんでいることもあるからです。その点では人間的問題でもあります。私にとってはクヮルテットより協奏曲の方が簡単ですね。

——たとえばモーツァルトの曲が好きだとか、ベートーヴェンが好きだとかありますか？

K　そういうことより、この35年間に50回弾いていようが、500回だろうが、回数よりも、よく弾けたかどうかが問題なのです。

――学生がクヮルテットをはじめるとき、ハイドンからとか、モーツァルトからとかいった推薦はあるでしょうか？

K　誰の曲からはじめるということより、ひとつの音になるようにするほうが大事ですね。

――ウィーン・フィルの「ホモゲーン」（音を溶け合わす）ということはアンサンブルで音を1つにするということから来ているのですね。

K　それだけでは十分ではありません。オーケストラは弦楽器だけでなく、木管楽器、金管楽器、打楽器とさまざまな楽器があるでしょう。それをまとめるのが指揮者の仕事です。ピッコロは*p*で吹くのは難しいですし、コントラバスは強く弾く癖があります。各奏者はお互いを無視して自分のやり方を通そうとします。レヴェルの高いオーケストラほど指揮者はそれをコントロールしていくべきなのです。それができる指揮者はいませんね。

――マーラーは「君たちが伝統と言っているのは悪い癖にすぎない」と言って厳しくトレーニングしたということですが。

K　マーラーはそういう数少ない指揮者の1人だったのですが、いま指揮者たちは自分の解釈を通すことばかり考えて、オーケストラをコントロールしないのです。それで私はもう指揮者と真っ向から向き合うのはやめたのです。

（「音楽の友」2009年5月号より転載）

ブラームス・ザールを埋める聴衆

No.12

オーケストラによる真の音楽づくりとは

――最近、ロストロポーヴィチに学んだイギリスの女性が書いた『ロストロポーヴィチ伝』（エリザベス・ウィルソン著、木村博江訳、音楽之友社刊）を読んだのですが、ロストロポーヴィチが、キュッヒル先生がおっしゃっていることと同じことを言っているのです。例えば「音楽をじっくり考えれば、おのずと道は見えてくる。鼻を利かせて弾いてごらん」という風に自分で考えて解決方法を見つけるように指導するとか、「音楽はテンポとリズムで作られているが、ときおり時間を超えた永遠なるものを感じさせる瞬間がある」とか。ここで伺ったこととそっくりな話が出てきて、偉大な芸術家は同じことを考えるものだなあ、と思いました。

K　彼とは何回か演奏しました。特にドヴォルザークの「チェロ協奏曲」はすばらしかったですね。その時の指揮者はオザワでしたが、彼自身の指揮でも演奏しました。

——彼の指揮はいかがでしたか?

K　テクニックは上手だとは言えませんが、音楽の内容は充実した良いものでした。

——ところで最近の学生は以前と違ってきた。ロストロポーヴィチではないけれども、自分で考えてやりなさい、と言ってもなかなかそうはならない、という話を伺いましたが、そうしますと彼らがオーケストラに入団してからの教育も大変ですね。

K　その前にオーケストラに安心して送れる学生がいないのです。その訳は基本が欠けていて、オーケストラに入ったら自分のパートの音だけ弾けばいいのだと思っているからです。

——それはどういうことでしょうか?

K　簡単な曲やエチュードの練習をすれば良いのです。そうしないからメカニックになってしまうのです。

——基礎がしっかりしていないとオーケストラという現場に出たときについていけないということでしょうか。

2001年の演奏会より。キュッヒルとロストロポーヴィチ　©Terry ／ Wiener Philharmoniker

K　学生たちは誰も初見で弾こうとは思っていませんし、そういう考えを持っていません。オーケストラでは次から次へと膨大な曲を弾きこなせないといけないのです。それには初見能力が必要なのですが、基本がしっかりしていないとそれはできません。だから基本をしっかりやることが必要なのです。音は確かに出ているのです。しかし、響きがないのです。私の後ろから音は聞こえてくるけれども響きになっていないのです。アインザッツもうまく出来ていませんね。

――ちょっと信じられませんね。

K　問題は初見能力だけではありません。例えばヴァイオリン奏者は自分のパートがオーボエとどういう関係があるか興味を持たねばなりま

対談中の筆者（野村三郎）とキュッヒル

せん。他の楽器はどのように弾いているか考えていないのです。オーケストラでは一緒になって聴き、他のパートにも耳を傾けなければいけません。自分のパートのことだけ考えていてはいけないのです。自分のパートをオーケストラの中でどのように合わせていくべきか考えねばなりません。他のパートと合わせるには自分は何をするべきか考えるべきですね。そういうことに若い団員は興味を持っていません。この数年間で私の後ろにいる団員たちがそうなってしまいました。

管楽器は弦楽器よりもまだ良いですね。管楽器の場合ソロを吹きますから、合わないとすぐ分かってしまいます。弦楽器は多くの団員が一緒に弾くので問題があっても目立たないでしょう。金管楽器より木管楽器にはいくつか問題はありますが、管楽器の新人はより良く機能しています。弦楽器のほうが、現在危険性が高いと思います。

——21世紀になって団員が3分の1変わったそうですね。そういう団員の大幅な変化から生じた現象なのでしょうか。

K　その点昔の教育の方が今の教育より良かったですね。昔は自分で勉強して来ていましたから、一緒に溶け合うことが出来たのです。今の音楽家を見ていると勤め人のように見えますね。自分の仕事が大切なのにアルバイトに熱中してしまうのです。以前はそうではなかったのですが、今はそういうわけで溶け合うことが出来なくなってきているのです。

——私にはウィーン・フィルの音は確かに変わったけれども、やっぱりウィーン・フィルならではの音に聞こえますけれど……。

1997年の演奏会より ©Terry ／ Wiener Philharmoniker

K　40年前と音はまったく変わりました。その頃の伝統はもう失われているのです。

――その点ではベルリン・フィルはもっと変わりましたね。もうまったくフルトヴェングラー時代の面影はありません。まだウィーン・フィルのほうが独自性を保っていると思います。

K　それはその通りです。時代と共に音は変わりますから。しかし、言いたいのはオーケストラにおける団員の音楽に対する姿勢の問題なのです。実際オーケストラの生活は毎日勉強することが沢山あります。例えばオペラを演奏しているとき「今日の指揮者は駄目だ」とか「またつまらないメロディが出てきた」とか、そういう些細なことに気をとられないで、「このアリアの最後の小節のハーモニーはすばらしい」とか、「音楽の変化がすばらしい」とか音楽の本質的なことに興味を持って欲しいのです。オーケストラの更なる発展に興味を持つものが少なくなってきています。

――話は変わりますが、キュッヒル先生はモーツァルト解釈賞を受けておられますね。

K　賞というのは意味がありません。何故貰ったのかわかりません。たぶん若いコンサートマスターだったからくれたのでしょう。賞よりもモーツァルトの小さな小節を立派に弾くほうが大切だと思います。世界中のすべての賞は無意味です。ほら、ベルクのオペラ《ヴォツェック》の中で酔っ払いが言うじゃないですか「地上のすべては空しい。金《かね》でさえも腐って消えちまわあ」（第2幕第4場：内垣啓一訳）ってね。

（「音楽の友」2009年12月号より転載）

真知子夫人とふたりの娘さん、お孫さんと ©野村三郎

No.13 音楽を演奏する歓びとは

「キュッヒルの音楽手帳」も今回で最終回を迎える。特別に拡大してお届けし、最終ページではは野村三郎氏にこれまでの連載を振り返っていただいた。

――CDの功罪についてもう少し話を伺いたいのですが……。

K　私は子供の頃――1960年代ですが――両親のLPを聴いていました。メニューインがエイドリアン・ボールト指揮でシベリウスの「ヴァイオリン協奏曲」、パガニーニの「ヴァイオリン協奏曲第1番」を録音したのを聴いて夢中になったものです。ところがメニューインの演奏がボックスになってCDになったのを聴いたらオーケストラの間違いが修正してあって、無菌状態になっているのです。これはおかしいですね。

——楽団長のヘルスベルクさんに今ウィーン・フィルが一番困っているのは何ですか？　と聞いたら、「聴衆が完璧な演奏を求めていることです」と言われたことがあります。それは恐らくCDの完璧さだと思います。生の演奏だったらミスは避けられませんから……。

K　昔の演奏が今CD化されてたくさん出ています。当時は録音のための演奏はなかったわけで、演奏会をそのまま録音するにしても、演奏会は2回しかしません。本当にコンサートをそのまま録音したということが大事なのです。

——この前そういう録音を聴かせてもらいましたが、あれは音楽をすることが好きでたまらない人々、音楽の喜びを知っている人々の演奏だったと思います。バリリ先生に「長い音楽生活の中で一番良かった思い出は何ですか？」と聞いたら、「どんな演奏会でもなく、戦争が終わって、ああ、これで自由に演奏できると思った時だった」と答えられました。戦争を経験しておられたからいっそう音楽をする喜びを感じておられたと思いました。そういう方々が1960～70年頃までは多くおられたと思うのです。いつか自分の世代まではそうした戦争経験者がいたとおっしゃっていましたね。

K　典型的ドイツの指揮者フルトヴェングラー、カイルベルト、シューリヒト、コンヴィチュニーなどの生の演奏会録音が出ていますね。そういう録音をCD化するのはいいのですが、ただ問題が1つあるのです。当時の録音はデジタルではなかったものを、デジタルに直すわけですから。

——私もギターのセゴビアのLPがCDで出た

ヴァイオリンを携えポーズをキメるキュッヒル（2013年11月撮影）

ので聴いてみたら、ＬＰにあったものが消え失せてがっかりしたことがあります。

Ｋ　録音するために演奏するのは空気のない無菌化したところでするようなもので、ＬＰにあった何ものかがなくなるのは避けられませんね。

――我々の時代は電気再生装置で聴くことが多いので、耳がそれに慣れて狂ってきているのではないでしょうか。

Ｋ　若者たちが電車の中や歩きながらヘッドフォンで聴いていますね。しかも外にジーと漏れるほどの大きさで。あれは危険ですね。

――本当のものを求めるというのは難しいですね。

Ｋ　こういうことがありました。クラッセンアーベント（クラスの学内演奏会）の後でレストランに行ったのです。日本人が３人、中国人が１人と全員アジアの出身だったのですが、中国の学生が「本来のワルツはどう弾くのですか？」と聞くのです。「それぞれワルツにはそれぞれの性格があって言葉で説明できないものだよ。録音を聴くか、直接聴くことだね」と答えましたけれど。

――先日、楽譜で勉強するより先にＣＤを聴いて勉強する危険性について話されました。霧島の音楽祭でのことですが、スメタナ・クワルテットのコホウトさん（チェロ）にある学生が教わりました。「君の演奏は我々そっくりですばらしい。ところで君の演奏を聴かせてくれないか」とおっしゃったら、その学生は立ち往生してしまったのです。コンクールで優秀な成績をとったことのある学生でしたが。

K　そういう学生は子供の学生というのです。パールマンを聴いて「あー！」と言い、ほかの誰かを聴いて「あー！」と言うのです。ジュリアード音楽院でパールマンが教えているDVDを見たことがあります。ショスタコーヴィチの協奏曲、ショーソン、イザイまではまあまあフィーリングのある演奏でした。ところがその後、それまでピアノの椅子に座っていた学生がバッハのト短調ソナタを弾きました。途中、グリッサンドで音を下降させたのです。そうしたらパールマンが中断させて、「なぜそう弾くの？」と聞きました。彼は「CDでそう弾いていたからです」と答えました。「そこは音のつながりでグリッサンドはないよ」とパールマンは教えたのですが、その学生はそういう真似をすることでヴァイオリンを駄目にしましたね。「音楽

2004年のニューイヤー・コンサートから ©Terry ／ Wiener Philharmoniker

について話しているのだよ」と言いましたが、それ以前だということですね。

　ところでこの連載は今回で終わりになる。そこで書き留めておきたいのだが、キュッヒルの音楽に対する姿勢は演奏の出来、不出来ではなく、演奏の背後にある作品の本質を理解して欲しいということである。ややもすると我々は華やかなスターの存在に目を奪われ聴くべきものに耳を傾けていないのではないか。音楽を聴くという行為はまさにそこにある。ホールにスターを見に行くのではないのだ。モーツァルトの話をしていた時、こう言った。「本当に偉大な人は上からの声に従ったのではなかろうか。もし神のようなものが上から来たら人間は弱いからかなわない。神は語ったりはしないし、姿も見せないがここにもいる。言葉には限界があるから説明できないが、説明しきれないものも存在している」。入神のというものがある。キュッヒルにあなたはそれを聴かないだろうか？

連載を終えるにあたって

往年の名演奏家や教育論（＊注：本書には不掲載）……話題は多岐にわたった本連載。各回に関連した写真や取材時のエピソードとともに、これまでを振り返ります。

「キュッヒルの音楽手帳」のシリーズ取材ははなはだ緊張にとんだ内容であった。

キュッヒルは質問に丁寧に親切に答えてくれたのだが、普段２人だけで話す時とはうって変わって難しい内容と表現になる。真知子夫人は「私がいると彼はいつも難しい言い方をするのですよ」と笑わせた。それと編集部の予定してくれた質問は具体的内容だったが、抽象的な回

音楽に対しては真摯で厳しい姿勢のキュッヒルだが、普段はおちゃめな一面も

答で期待に応えられなかったので申し訳ない結果となった。

　ある日ふと思いついて私は日本語で質問し、彼はドイツ語で答える方式に切りかえてみた。そうしたらずっとスムーズになった。何しろ彼はいつも胸ポケットに小型辞書を入れて日本語習得の努力をしていたのを思い出したのである。時に相互に噛み合わなくなると、夫人が「野村先生の質問はこういうことよ」と助け舟を出してくれてとても助かった。しかし彼女はけっしてドイツ語を私のために訳してくれるということはしなかった。それは私のドイツ語の貧しさを傷つけまいという配慮からであったろう。

　ある日キュッヒルがこう言った。

「日本の女性はやさしいと思っていたら、恐いもんだね。うちではワンダと呼んでいるんだよ」

　そこで私も、「ぼくの家にもワンダがいるん

1975年、カール・ベーム（右）と

颯爽たる自転車競技姿！

だ」と答えて大笑いした。ワンダというのはトスカニーニの娘で大ピアニスト、ホロヴィッツ夫人。彼は恐妻家だったそうだ。そして帰り際にニコニコして彼は私にコートを着せてくれるのだった。

このようなインタヴューは二度とありえないことで稀な経験となった。

キュッヒルの真意はウィーン・フィルの良き伝統を守ること、ウィーン・フィルの民主的なあり方に忠実であるということ、真に音楽に迫るということはどういうことかということに尽きる。ここに真のウィーン・フィルの典型的音楽家の姿がある。これにどれだけ学ばされたことだろう。このことと真知子夫人の協力に深く感謝している。

(「音楽の友」2010年3月号より転載)

2007年、下野竜也指揮のもと、ソリストを務めた

ライナー・キュッヒル

1950年オーストリア生まれ。1971年、異例の若さでウィーン・フィル、ウィーン国立歌劇場管のコンサートマスターに就任。73年にはキュッヒル・クヮルテット（ウィーン・ムジークフェライン・クヮルテット）、85年にはウィーン・リング・アンサンブルを結成。2001年には、ウィーン国立歌劇場の名誉会員に選ばれる。“ウィーン・フィルの顔”として45年間務めたコンサートマスターを、2016年8月に退任。奥様は、日本人の真知子夫人。

野村三郎

1933年鹿児島生まれ。早稲田大学大学院博士課程単位取得。ウィーン大学、ウィーン国立音楽大学に留学。鹿児島短期大学教授、東邦音楽大学教授・理事、九州大学客員教授など歴任。現在ウィーン・メロス音楽研究所代表、早稲田大学エクステンションセンター講師。ウィーン在住。著書に『ウィーン・フィルハーモニー』（中央公論新社）、『ウィーン三昧』（ショパン社）、『ウィーン国立歌劇場すみからすみまで』（音楽之友社）など多数。

「音楽の友」誌連載記事の取材後に撮影（2016.5.26）©南部由貴

ソロ活動を始めた1967年、17歳のキュッヒル

ウィーン・フィルとともに45年間《ねんかん》――

名《めい》コンサートマスター、キュッヒルの音楽手帳《おんがくてちょう》

2016年7月5日　第1刷発行
2023年11月30日　第5刷発行

著　者　ライナー・キュッヒル／野村三郎《のむらさぶろう》

発行者　時枝正
発行所　株式会社音楽之友社
〒162-8716　東京都新宿区神楽坂6-30
電話 03-3235-2111㈹
振替 00170-4-196250
https://www.ongakunotomo.co.jp/

制作協力　川原あかね
写　真　特に明記なきものはすべてキュッヒル家提供

デザイン・DTP　朝日メディアインターナショナル株式会社
印　刷　藤原印刷株式会社
製　本　株式会社ブロケード

ISBN978-4-276-21702-7 C1073

9784276217027

1921073015007

ISBN978-4-276-21702-7
C1073 ¥1500E

定価（本体1500円＋税）

ONGAKU NO TOMO

音楽之友社 創立75周年
75th Anniversary